焼くだけのお菓子 Vol.2

ベターホーム出版局

目次

- 08 オレンジケーキ
- 14 紅茶とプルーンのケーキ
- 16 クラムケーキ
- 18 いちじくとくるみのケーキ
- 20 カラメルバナナケーキ
- 22 洋なしとコーヒーのケーキ
- 24 ダブルチーズケーキ
- 26 パイナップルのケーキ
- 28 フィナンシェ3種
- 30 バナナブレッド
- 32 ウィークエンド
- 34 抹茶とあずきのケーキ
- 36 スパイスケーキ
- 38 アイスボックスクッキー3種
- 42 木の実のタルトバー
- 44 アメリカンクッキー
- 46 ジャムスクウェアクッキー
- 48 スコーン2種
- 50 ラビオリクッキー
- 52 マカロン

この本は、ベターホームの大ベストセラー、
『焼くだけのお菓子』の第2弾です。
「かんたん、おいしい」のコンセプトはそのままに、
よりバリエーションを広げました。
ぜひ、2冊あわせてご利用ください。

この本のきまり
・この本で使用している計量スプーンは、
　大さじ1＝15ml、小さじ1＝5ml（ml＝cc）です。
・電子レンジの加熱時間は500Wのものをめやすにしています。
・オーブン、その他道具、材料については、p.4～7に従ってください。

54
ミルクティークッキー

56
ビスコッティ

58
きな粉のスノーボール

60
フレッシュりんごのタルト

64
チーズタルト

66
ナッツとクラムのタルト

68
甘栗のマフィン

70
ダブルベリーのマフィン

72
オニオンチーズマフィン

74
ココナッツとチョコレートのマフィン

76
はちみつレモンのシフォンケーキ

80
くるみのシフォンケーキ

82
にんじんのシフォンケーキ

84
コーヒーチョコケーキ

86
ダブルチョコレートブラウニー

88
ウイスキーケーキ

90
NYチーズケーキ

04　お菓子をおいしく仕上げるコツ
　　道具を使いこなしましょう
05　型紙の敷き方
06　焼き菓子によく使う材料
10　お菓子を保存するとき
12　ケーキの焼きあがりの見方
13　ケーキの焼き縮みを防ぐ
92　お菓子のラッピング
94　パウンド型で作るには

編集／ベターホーム協会
お菓子の研究／ベターホーム協会／早川晴子・吉田栄子
撮影／松島均
デザイン／山岡千春

＊お菓子をおいしく仕上げるコツ＊

準備をしっかりと

　お菓子づくりは、タイミングが大事です。のろのろしていると、バターが溶け出したり、メレンゲの泡が消えてしまい、おいしく焼きあがりません。
　そこで大切なのが下準備。
　はじめに、計量は全部すませ、粉類はふるい、型に紙を敷いておきましょう。また、一部のものを除き、できあがった生地は、すぐにオーブンに入れるのが鉄則。そのために、頃合いを見て、必ずオーブンを予熱しておきます。どんなに上達しても、下準備の大切さは変わりません。

＊道具を使いこなしましょう＊

オーブン

○ 途中で扉を開けない

　オーブンとひと口に言っても、その焼きあがりはさまざまです。本文中の温度と焼き時間はあくまでめやす。焼き時間を少し手前にセットして、時々窓からようすを見るようにしましょう。また、仕上がりに影響するので、焼き時間の2/3程度を過ぎるまでは、決して扉を開けないようにします。

○ 電気オーブンとガスオーブン

　オーブンには、電気オーブンとガスオーブンがあります。この本は、「電気オーブン使用が前提」の温度設定になっています。一般的にはガスオーブンのほうが火の通りが早いので、その場合は、温度を10〜20℃下げます。ただし最近は、電気でもパワーの強いオーブンもあるので、自分のオーブンのクセをつかむまでは、こまめにようすを見るようにしましょう。

○ 下段で焼く

　オーブンに段がある場合、基本的には下段で焼きます。中まで火が通らないうちに、上だけこげてしまうようなら、途中でアルミホイルをかぶせるなどして調整します。
　使用するオーブンによっては、この本と焼き時間がかなり異なってくる場合があります。作るたびに、「上だけ先にこげた」「設定時間より10分近く長くかかった」など、どんどん書きこんでおきましょう。次回作るときの参考になります。

○ 必ず予熱しておく

　どんな場合も、予熱は必ずしておきます。この本では、どのタイミングで予熱を始めたらいいのか、レシピに記載してあるので、参考にしてください。また、扉を開けると、庫内の温度は一気に下がります。生地をオーブンに入れるときの扉の開閉は、すばやく行いましょう。慣れないうちは、設定温度よりも10℃ほど高めに予熱しておき、生地をオーブンに入れてから、設定温度に下げるようにしてもよいでしょう。

型

　お菓子は、その型でなければできないというものではありません。形が違っても、容量がほぼ同じなら代用できます。ただし、シフォンケーキなど特殊な型を使うものは、代用できないので、注意します。
　また、この本の、型を使って焼くお菓子（タルト・シフォンケーキなどは除く）は、ほとんどが標準サイズのパウンド型（18×8×6cm・容量約750ml）でも作れます。パウンド型で作る場合の分量と焼き時間は、P.94にまとめてあります。

型紙の敷き方

生地の型離れをよくするために、型にわら半紙やパラフィン紙を敷いたり、バターなどを塗ったりします。ただし、シリコン（ワックス）加工が施されたクッキングシートを型の側面に使うと、生地がすべって、うまくふくらまない場合があります。

型に紙を敷くときは、ふくらむことを考えて、型より少し高めに切ります。生地ができたら、型と紙の間、紙と紙の間に、のり代わりに少しつけてとめましょう。そうしないと、焼いている間に紙が倒れてきて、ケーキの形にひびいてきます。

a. パウンド型など、四角い型に敷く場合

紙に型をのせ、底面と高さの印をつけ、いったん型をはずします。必要に応じた大きさに切り、下図のように切りこみを入れて敷きます。角をしっかり折ると、きれいな形に焼きあがります。

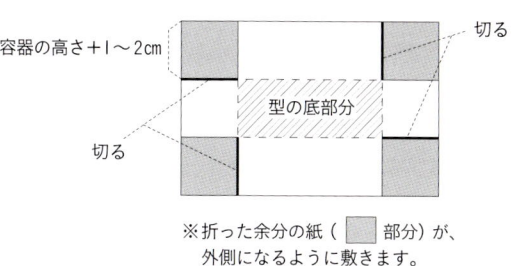

※折った余分の紙（▨部分）が、外側になるように敷きます。

b. 丸型に敷く場合

底と側面をそれぞれ作って敷きます（側面は、生地をのりにしてつぎたしてもOKです）。

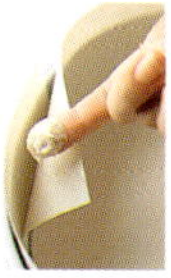

c. 複雑な形の場合

バターを薄くまんべんなく塗り（場合によっては、さらに粉を薄くふり）、冷やしておきます。

ボール

この本では使うボールのサイズを明記しているので、あれば指定サイズのものを使うと、スムーズに作ることができます。

　大きめのボール＝直径24cm前後
　中くらいのボール＝直径22cm前後
　小さめのボール＝直径18cm前後

をめやすにしてください。生地に余分な水気や油気は厳禁。ボールに水滴などがついていないかどうか、材料を入れる前に必ず確認しましょう。

泡立器

この本での「泡立器」は、特に注意がなければ、ハンドミキサーを使っています。ふつうの泡立器でももちろん作れますが、バターを練ったり、メレンゲを作るときは、ハンドミキサーを使ったほうが、攪拌（かくはん）の作業がらくです。時々、ボールのまわりについた生地をゴムべらで落として、ムラのない生地にするのがコツ。ハンドミキサーの羽をきれいに洗い、余分な水気をふいてから使いましょう。

ふるい

大きめの万能こし器がひとつあれば充分です。粉類→砂糖類の順にふるうと、目が詰まらず、スムーズにふるうことができます。

ゴムべら

粉を混ぜるときは、一部のものを除いては、「サックリ、切るように混ぜる」が原則です。そのために欠かせないのが、ゴムべら。粉を混ぜるほか、ボールのまわりについた生地を落としたり、型に生地を流したりするときに便利です。

＊焼き菓子によく使う材料＊

バター

バターには、ふつうのバター（有塩バター）と、食塩不使用のバターがあります。基本的には、食塩不使用のものを使ったほうが、すっきりと上品な味に仕上がります。ただし、この本では、特に指定のないものについては、どちらを使ってもかまいません。また、ケーキ用マーガリンで代用することもできますが、風味が少し落ちます。

バターを泡立器で練って作るお菓子は、バターを室温で少しやわらかくしておきましょう（指で押すと少しへこむくらい）。計量するときに小さめに切っておくと、短時間でやわらかくなります。ただし、あまりやわらかすぎてもいけません。バターを撹拌するのは、空気をとりこんで、ふんわりした仕上がりにするため。マヨネーズのようにやわらかくしてしまうと、気泡ができにくくなります。

どうしても時間がないときは、電子レンジを使ってやわらかくしてもかまいません。ただし、すぐにやわらかくなるので、必ず「弱」で加熱します。また、表面はかたそうでも、中身は充分にやわらかくなっているので、ようすを見ながら、マメに指で押して確認します。

開封後は酸化で風味が落ちやすいので、しっかり包み、なるべく早く使います。長期の保存は、さらに冷凍用ポリ袋に入れ、冷凍庫へ。

砂糖

砂糖には上白糖、グラニュ糖、粉糖、三温糖、ブラウンシュガーなどがあります。手に入らなければ、ほとんどの場合、上白糖で代用することができますが、風味は多少異なります。また、粉糖は代用がききません。いずれも、一度ふるってから使いましょう。グラニュ糖は、ざっと見て大きなかたまりがなければ、ふるわずに使えます。

お菓子に入れる砂糖には、味以外にも、ふくらみや焼き色など、さまざまな役割があるので、極端に減らすのは考えもの。この本では、砂糖控えめのレシピにしていますので、まずはレシピどおりの分量で作ってみましょう。どうしても減らしたい場合は、砂糖の全体量の1割程度にとどめてください。

卵

材料表の卵は、Mサイズ（殻つきで約60g、正味約50g）を使っていますが、Lサイズを使っても、仕上がりはさほど変わりません。例外は、クッキーとタルト生地。卵が多いと生地がやわらかくなり、扱いにくくなるので、多い場合は白身を減らして調節します。

卵は基本的に室温にもどしてから使います（一部のものを除く）。バターを撹拌してから卵を加えるお菓子の場合、卵の冷たさでバターがかたまり、分離してしまうことがあるからです。

小麦粉（薄力粉）

粉は2回ふるってから使いましょう。ベーキングパウダー、ココアなどを混ぜるときは、合わせてふるいます。粉をふるうのは、ダマなどをとり除くのはもちろん、空気を含ませることで、よりふんわりとした仕上がりにするためです。

保存は、冬場や短期間なら常温でもかまいませんが、夏場や長期なら冷蔵庫で。全粒粉などの、他の粉類についても同様です。いずれも密封します。

ベーキングパウダー

ふんわりとしたケーキにするために使います。この本では、一部のものを除き、必要最低限の量にとどめています。

保存は常温で。賞味期限は約1年です。多少賞味期限を過ぎても問題ありませんが、古すぎると仕上がりに影響します。また、酸化するとはたらきが弱まるので、きっちり密閉しましょう。

ベーキングパウダーは、常温でも酸素や水分に反応します。何時間も前から小麦粉と合わせると、粉の湿気を吸って、はたらきが弱まることがあります。準備の段階で、合わせるようにしましょう。

ナッツ・ドライフルーツ

きっちり密閉して、冷蔵庫で保存しましょう。ナッツは酸化して風味が落ちやすいので、できれば冷凍庫で保存します。

オレンジケーキ

オレンジケーキ

オレンジ風味のシロップを
仕上げにたっぷりしみこませます

［食べごろ：翌日〜
　保存期間：常温で4日（夏場は翌々日）、冷凍で2週間］

材料　18.5cmの角型1個分

バター	80g
砂糖	100g
卵	2個
オレンジピール（みじん切り）	50g
オレンジキュラソー*	大さじ2
A ［薄力粉	110g
ベーキングパウダー］	小さじ1/4
＜飾り用オレンジ＆つや出し用シロップ＞	
オレンジ	1個
B ［砂糖	20g
オレンジのしぼり汁］	大さじ2
オレンジキュラソー*	大さじ1

*オレンジから作られたリキュール。コアントロー、グランマルニエでも代用できます。
お菓子にリキュールやブランデーなどの洋酒を加えると、風味がよくなります。洋酒の種類は、素材の味に合わせたものを使います。好みで増減したり、子ども向けなら、抜いてもかまいません。

準備1

・バターは切って、大きめのボールに入れ、室温でやわらかくします。卵は室温にもどします。
・Aは合わせて2回ふるいます。砂糖も1回ふるいます。

準備2

・オレンジピールに、オレンジキュラソー大さじ2をふりかけます。
・型に型紙を敷きます（→p.5）。

お菓子を保存するとき

焼き菓子は基本的に、常温か冷凍で保存します。風味が落ちるので、一部のものを除き、冷蔵庫には入れないようにします。冷凍保存するときは、ラップで包み、さらに冷凍用ポリ袋に入れ、空気をなるべく抜いてから、冷凍庫へ。切らずに丸ごと冷凍したほうが、より風味を保つことができます。室温で解凍するか、冷たいほうがおいしいケーキ（p.64のチーズタルト、p.90のNYチーズケーキなど）は、冷蔵庫で解凍します。

1

飾り用オレンジを作ります。
オレンジはよく洗って、半分に切り、中央部分から、5mm厚さの半月切りを10枚とります。

2

残ったオレンジは、皮をすりおろし（皮の白い部分は、にがくなるのでおろしません）、果肉は汁大さじ2をしぼります。

3

小鍋に半月切りにしたオレンジとBを入れ、弱火で5分ほど煮ます。そのままさまします。

4

生地を作ります。
バターを泡立て器でクリーム状にします。砂糖100gを3回に分けて加え、白っぽくフワッとなるまですり混ぜます。
※オーブンを180℃に予熱します。

5

卵をほぐし、4に4〜5回に分けて加え、そのつどよく混ぜます。

卵は分離させない

バターが多く入った生地の場合、卵と生地が分離すると、仕上がりの食感に影響します。
　1.卵は室温にもどしておく
　2.卵は少しずつ加える
　3.バターと砂糖をよく混ぜておく
この3つの作業のうち、ひとつでも怠ると、卵と生地が分離してしまうことがあります。ただし、分離気味でも、そこまでの攪拌がしっかりできていれば、遜色なく仕上がるので、気にせず作業を続けましょう。

6

ゴムべらにかえ、5にオレンジの皮、オレンジピール（キュラソーごと）を加えて混ぜます。

8

生地を型に入れ、平らにならします。

10

約180℃（ガスオーブン170℃）のオーブンで25〜30分焼きます。

7

Aを加えて、切っては底からすくい上げるようにして、粉気がなくなるまで混ぜます。

9

飾り用オレンジをバランスよく並べます（残った煮汁は鍋にとりおきます）。型ごと10cm高さから一度落とし、余分な空気を抜きます。

ケーキの焼きあがりの見方

A：指の腹で表面を軽くポンポンと触って、弾力があれば焼けています。
B：竹串を中央に刺し（斜めに刺すと、切ったとき、竹串の跡がわかりにくい）、何もつかないか、生地のかけらが少々ついてくる程度なら焼けています。
中まで火が通らないうちに、表面だけこげそうなら、アルミホイルをふんわりかぶせて焼きます。

A　　B

11

焼きあがったら、型ごと10〜20cm高さから一度落とします。

∨
∨
∨

ケーキの焼き縮みを防ぐ

焼きあがったら、一度落とすと「焼き縮み」（ケーキがさめてから、しぼんでしまうこと）が少なくなります。ただし、タルト、チーズケーキなどについては例外で、この作業は行いません。

12

3の鍋に残った煮汁にオレンジキュラソー大さじ1を加えて混ぜ、シロップを作ります。

13

ケーキが熱いうちに、上面にはけでシロップを塗ります。

∨
∨
∨

焼きたてのお菓子を扱うとき

焼きあがったばかりの熱々のお菓子や型は、当然素手では触れません。とはいえ、ミトン越しでは、思うようにつかめません。そんなとき役に立つのが、2枚重ねた軍手。熱いものに触っても平気ですし、5本の指でしっかりつかむことができます。

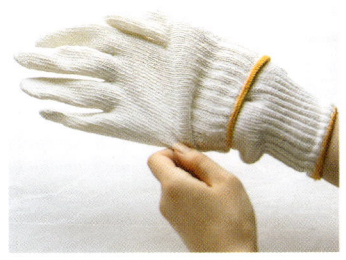

14

あら熱がとれたら、型と紙をはずし、乾いたふきんをかけ、中まで完全にさまします。

＊表面が乾くのを防ぐと同時に、余分な蒸気を逃がすためです。

15

さめたら、乾燥しないように、ラップ（または、厚手のポリ袋）で包みます。

紅茶とプルーンのケーキ

相性のよい組み合わせ。
お互いの味を引き立てます

[食べごろ：翌日〜
  保存期間：常温で5日、冷凍で3週間]

材料　18×8×6cmのパウンド型1個分

- バター ———————— 100g
- 砂糖 ————————— 90g
- 卵 —————————— 2個
- 牛乳 ————————— 大さじ1
- A [薄力粉 ——————— 90g
      ベーキングパウダー —— 小さじ½]
- 紅茶の葉＊（ティーバッグ）—— 1袋（2g）
- [プルーン（種なし）———— 150g
    ブランデー —————— 大さじ2]

＊ダージリンかアールグレーを使うと香りがよい。
茶葉を使う場合は葉を細かくきざみます。

準備

・バターは切って、大きめのボールに入れ、室温でやわらかくします。卵と牛乳は室温にもどします。
・プルーンは熱湯に1分ほどつけ、水気をふきます。1個を4つに切り、ブランデーをふりかけます。
・Aは合わせて2回ふるいます。砂糖も1回ふるいます。
・型に型紙を敷きます（→p.5）。

1　バターを泡立器でクリーム状にします。砂糖を3回に分けて加え、白っぽくなるまですり混ぜます。
※オーブンを170℃に予熱します。

2　卵をほぐします。1に卵を4〜5回に分けて加え、そのつどよく混ぜて、なめらかな生地にします。牛乳を加えてさらに混ぜます。

3　ティーバッグの袋を切って、2に直接ふり入れ、軽く混ぜます。プルーンの半量を加えて混ぜます。

4　ゴムべらにかえ、Aを加えて、切っては底からすくい上げるように、粉気がなくなるまで混ぜます。型に入れ、表面を平らにします。残りのプルーンを均等にのせ、上から軽く押します。

5　約170℃（ガスオーブン160℃）のオーブンで45〜50分焼きます。

具を均等に散らすには？

プルーンのような重たい具を混ぜると、全部下に沈んでしまう場合があります。半量程度の具を残しておき、焼く前に生地にのせると、焼いているうちに適度に沈み、均等に散ります。また、レーズンなどの小さな具なら、事前に粉少々をまぶしておくのも有効です。

クラムケーキ

コーンスターチ＆アーモンドプードルで
キメ細かく、しっとりした食感に

［食べごろ：翌日～
　保存期間：常温で4日、冷凍で2週間］

材料　　直径18cmの丸型1個分

バター（食塩不使用）	100g
グラニュ糖	120g
卵	2個
バニラオイル	3滴
A　薄力粉	50g
コーンスターチ	50g
アーモンドプードル	20g
ベーキングパウダー	小さじ½
＜クラム＞	
B　薄力粉	50g
アーモンドプードル	30g
バター（食塩不使用）	40g
グラニュ糖	30g
塩	ひとつまみ

1

5

準備

・生地用のバター100gは切って、大きめのボールに入れ、室温でやわらかくします。クラム用のバター40gは1cm角に切り、冷蔵庫で冷やしておきます。卵は室温にもどします。
・A、Bはそれぞれ合わせて2回ふるいます。
・型に型紙を敷きます（→p.5）。

1　クラムを作ります。小さめのボールにクラムの材料を合わせます。バターを指でつぶしながら粉と混ぜていき、手と手をすり合わせるようにして、全体をパラパラのそぼろ状にします。冷蔵庫に入れておきます。

2　ケーキ生地を作ります。バター100gを泡立て器でクリーム状にします。グラニュ糖を3回に分けて加え、白っぽくなるまですり混ぜます。
※オーブンを170℃に予熱します。

3　卵をほぐします。2に卵を4～5回に分けて加え、そのつどよく混ぜて、なめらかな生地にします。バニラオイルを加え、さらに混ぜます。

4　ゴムべらにかえて、Aを加え、切っては底からすくい上げるように、粉気がなくなるまで混ぜます。ケーキ生地を型に入れ、表面を平らにします。

5　クラムをまんべんなく散らし、約170℃（ガスオーブン160℃）のオーブンで40～45分焼きます。

いちじくとくるみのケーキ

スパイスのきいたケーキ生地と
いちじくのプチプチ感がよく合います

［食べごろ：翌日〜
　保存期間：常温で5日、冷凍で3週間］

材料　18×8×6cmのパウンド型1個分

バター（食塩不使用）	100g
砂糖	80g
卵	2個
A ［薄力粉	80g
ココア	小さじ2
シナモンパウダー	小さじ1/2
ナツメグ（あれば）	少々
ベーキングパウダー］	小さじ1/2
［干しいちじく	4個（80g）
ブランデー］	大さじ1

＜飾り用＞

［干しいちじく	2個（40g）
ブランデー］	大さじ1
くるみ	4個（20g）

＜つや用＞

あんずジャム	大さじ1
ブランデー	大さじ1

5

6

準備

・バターは切って、大きめのボールに入れ、室温でやわらかくします。卵は室温にもどします。
・飾り用のいちじく2個は縦半分に切ります。生地用の4個は1cm角に切ります。それぞれにブランデー大さじ1をふります。
・Aは合わせて2回ふるいます。砂糖も1回ふるいます。
・型に型紙を敷きます（→p.5）。

1　バターを泡立て器でクリーム状にします。砂糖を3回に分けて加え、白っぽくなるまですり混ぜます。
※オーブンを170℃に予熱します。

2　卵をほぐします。1に卵を4〜5回に分けて加え、そのつどよく混ぜて、なめらかな生地にします。

3　Aの中から小さじ1程度をとり出し、1cm角に切ったいちじく（汁気をきる）にまぶします。

4　ゴムべらにかえて、2に3を加えて混ぜます。Aを加え、切っては底からすくい上げるように、粉気がなくなるまで混ぜます。生地を型に入れ、表面を平らにならします。

5　約170℃（ガスオーブン160℃）のオーブンで、約17分焼きます。表面がややかたまったら、一度とり出します。竹串で上面に少し穴をあけ、そこにくるみと飾り用のいちじくをバランスよく並べます（手早く行い、すぐにオーブンにもどします）。さらに25〜30分焼きます。

6　ジャムとブランデー大さじ1を合わせます。ケーキが熱いうちに、上面にはけで塗ります。

カラメルバナナケーキ

カラメルが生地にジワッとしみて。
アイスクリームを添えるのもおすすめ

〔 食べごろ：当日〜
　保存期間：常温で翌々日（夏場は翌日）、冷凍で1週間 〕

材料　直径18cmの（底の抜けない）丸型1個分

バター	120g
砂糖	100g
卵	3個
A 〔 薄力粉	100g
ベーキングパウダー	小さじ1/3 〕
ラム酒	大さじ1 1/2
バナナ	2本
＜カラメルソース＞	
砂糖	80g
水	小さじ2
湯	小さじ2

加熱不足　ちょうどよい　こがしすぎ
1

2

準備

・バターは切って、大きめのボールに入れ、室温でやわらかくします。卵は室温にもどします。
・Aは合わせて2回ふるいます。砂糖も1回ふるいます。
・型に型紙を敷きます（→p.5）。底面には、シリコン（ワックス）加工されたクッキングシートを使うと、カラメルがくっつかず、きれいにはがせます。

1　カラメルを作ります（型を近くに用意します）。小鍋に砂糖80gと水を入れて、中火にかけ、時々鍋をゆすりながら（混ぜません）加熱します。全体が茶色に色づいたら、鍋を火からおろします。分量の湯を加えてなじませ（はねるので、やけどに注意）、すぐに型の底面全体に流します。そのままさまします。
＊このあとオーブンで焼くことを考え、通常のカラメルソースより、薄めの茶色にします。

2　バナナを7〜8mm厚さの輪切りにします。1の型の底面に、まんべんなく並べます。

3　バターを泡立て器でクリーム状にします。砂糖を3回に分けて加え、白っぽくなるまですり混ぜます。
※オーブンを170℃に予熱します。

4　卵をほぐします。3に5〜6回に分けて加え、そのつどよく混ぜて、なめらかな生地にします。ラム酒を加え、さらに混ぜます。

5　ゴムべらにかえて、Aを加え、切っては底からすくい上げるように、粉気がなくなるまで混ぜます。

6　生地を型に入れ、表面を平らにします。約170℃（ガスオーブン160℃）のオーブンで、30〜35分焼きます。すぐに逆さにして型と紙をとります。
＊型から出すときに、カラメルが流れ出てくるので、ケーキクーラーの下に紙や皿を敷いておきましょう。さめるとカラメルがかたまり、紙がはがしにくくなるので、必ずケーキが熱いうちに行います。

洋なしとコーヒーのケーキ

コーヒーのにが味がきいた大人の味。
洋なしとの意外な相性に注目

[食べごろ：翌日〜
  保存期間：常温で4日（夏場は翌々日）、冷凍で2週間]

材料　直径18cmの丸型1個分

バター		120g
砂糖		100g
卵		2個
A	インスタントコーヒー	大さじ2
	カルーア*	大さじ1
B	薄力粉	120g
	ベーキングパウダー	小さじ1/3
インスタントコーヒー**		大さじ1 1/2
洋なし（缶詰）		1缶（6切れ）

＊コーヒー風味のリキュール。なければ湯で代用します。
＊＊あれば、粒子の粗いものを使うと、模様になります。なければ、細かいもので風味だけをたします。
※子ども向けには、ややにがいケーキなので、最後に生地に加えるインスタントコーヒー大さじ1 1/2をやめてもよいでしょう。

準備

・バターは切って、大きめのボールに入れ、室温でやわらかくします。卵は室温にもどします。
・Aは合わせて溶かします。
・Bは合わせて2回ふるいます。砂糖も1回ふるいます。
・型に型紙を敷きます（→p.5）。

1　洋なしは汁気をきり、約3mm幅に切り目を入れます（下まで切り離さない）。上から手で押さえて、切り目を斜めに倒します。

2　バターを泡立器でクリーム状にします。砂糖を3回に分けて加え、白っぽくなるまですり混ぜます。
※オーブンを170℃に予熱します。

3　卵をほぐします。2に卵を4〜5回に分けて加え、そのつどよく混ぜて、なめらかな生地にします。Aを加え、さらに混ぜます。

4　ゴムべらにかえて、Bを加え、切っては底からすくい上げるように混ぜます。粉気がなくなったら、インスタントコーヒー大さじ1 1/2を加え、さらに混ぜます。

5　生地を型に入れ、洋なしを放射状に並べます。約170℃（ガスオーブン160℃）のオーブンで30〜35分焼きます。

＊洋なしは、焼いているうちに自然に沈むので、生地に軽くのせるだけにします。上から押しつけると、焼きあがったときに見えなくなってしまいます。

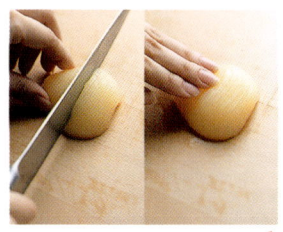

1

5

ダブルチーズケーキ

クリームチーズが丸ごとゴロゴロ。
生地もほんのりチーズ風味です

［食べごろ：当日〜
　保存期間：常温で翌々日（夏場は翌日）、冷凍で10日］

材料　18×8×6cmのパウンド型1個分

バター	80g
クリームチーズ	80g
砂糖	100g
卵	2個
A［薄力粉	120g
ベーキングパウダー	小さじ½
クリームチーズ	120g
干しあんず	40g

準備

・バターとクリームチーズ80gはそれぞれ切って、大きめのボールに合わせて入れ、室温でやわらかくします。卵は室温にもどします。
・Aは合わせて2回ふるいます。砂糖も1回ふるいます。
・型に型紙を敷きます（→p.5）。

1　クリームチーズ120gは1cm角に切り、冷蔵庫で冷やしておきます。干しあんずは3〜4mm幅に切り、Aの中から小さじ1程度をとって、まぶします。

2　バターとクリームチーズ80gを合わせ、泡立器でクリーム状にします。砂糖を3回に分けて加え、白っぽくなるまですり混ぜます。
※オーブンを170℃に予熱します。

3　卵をほぐします。2に卵を4〜5回に分けて加え、そのつどよく混ぜて、なめらかな生地にします。

4　ゴムべらにかえて、Aを加え、切っては底からすくい上げるように混ぜます。粉気がなくなったら、1cm角に切ったクリームチーズと、干しあんずを加え、さらに混ぜます。生地を型に入れ、表面を平らにならします。

5　約170℃（ガスオーブン160℃）のオーブンで、45〜50分焼きます。表面に竹串を刺し、生の生地がついてこなければ焼きあがりです（チーズが少しついてくるのはだいじょうぶです）。

パイナップルのケーキ

手近な缶詰フルーツを使ったケーキ。
小さく、かわいく、焼きあげました

［食べごろ：翌日〜
　保存期間：常温で4日（夏場は翌々日）、冷凍で3週間］

材料　18×5.5×4cmのパウンド型2個分

バター	100g
砂糖	80g
卵	2個
A ［薄力粉	140g
ベーキングパウダー	小さじ½
［パイナップル（缶詰）	4切れ（140g）
パイナップルの缶汁	大さじ4
＜飾り用＞	
パイナップル（缶詰）	2切れ（70g）

準備

・卵は室温にもどします。
・Aは合わせて2回ふるいます。砂糖も1回ふるいます。
・型に型紙を敷きます（→p.5）。

1　パイナップル4切れは5mm角に切ります。飾り用は8等分の放射状に切ります。5mm角に切ったパイナップルと缶汁を小鍋に入れ、ふたをしないで、中火にかけます。煮立ってきたら弱火にし、汁気がなくなるまで煮ます。さまします。

2　大きめのボールにバターを入れ、湯せんにかけて溶かします。湯せんからはずし、砂糖を加えます。泡立器（ハンドミキサーは不適）で、砂糖のザラザラした感じがなくなるまで、すり混ぜます。
※オーブンを170℃に予熱します。

3　卵をほぐし、2に加え、なめらかになるまで混ぜます。

4　3にAを加えて、混ぜます。粉気がなくなったら、煮たパイナップルを加え、さらに混ぜます。型に等分に流します。

5　飾り用のパイナップルを、バランスよく並べます。約170℃（ガスオーブン160℃）のオーブンで30〜35分焼きます。

1

5

フィナンシェ3種

フィナンシェの意味は「資本家」。
「金ののべ棒」に見立てた型で焼くのが一般的

［食べごろ：翌日～
　保存期間：常温で6日、冷凍で2週間］

材料

はちみつフィナンシェ
容量約40mlの型10個分

A	アーモンドプードル	70g
	薄力粉	30g
グラニュ糖		50g
卵白		2個分（約70g）
はちみつ		40g
バター（食塩不使用）		80g

ショコラフィナンシェ
容量約40mlの型10個分

A	アーモンドプードル	70g
	薄力粉	20g
	ココア	20g
グラニュ糖		70g
卵白		2個分（約70g）
バター（食塩不使用）		80g

※右と同様に作ります（はちみつを加える工程は除く）。

ごまフィナンシェ
容量約40mlの型10個分

A	アーモンドプードル	60g
	薄力粉	30g
グラニュ糖		70g
卵白		2個分（約70g）
練りごま（白）		大さじ2（28g）
バター（食塩不使用）		80g
いりごま（白）		大さじ½

※右と同様に作りますが、1のあとに練りごまを加えて混ぜます（はちみつを加える工程は除く）。型に流してから、いりごまをふって焼きます。

フィナンシェ型のほか、タルトレット型など、小さく、浅めの型や、使い捨てのアルミケース（厚手のもの）で代用してもよい

準備

- Aは合わせて2回ふるいます。
- 型にバター（食塩不使用・材料外）をまんべんなく塗り、冷蔵庫で冷やしておきます。
- バターは鍋にわかした熱湯で湯せんにかけて溶かし、弱火にして、そのまま熱くしておきます。

1　中くらいのボールに、A、グラニュ糖を入れ、泡立て器でざっと混ぜます（ハンドミキサーは不適）。
※オーブンを190℃に予熱します。

2　卵白を一度混ぜ、コシをきります。1に卵白を加え、全体がなめらかになり、つやが出るまで混ぜます。はちみつを加え、さらに混ぜます。溶かしバターを3～4回に分けて加え、そのつどよく混ぜます。

3　型にスプーンやレードルで等分に流します（1個＝30g弱）。約190℃（ガスオーブン180℃）のオーブンで13～14分、ふちに濃いめの焼き色がつくまで焼きます。

2

3

バナナブレッド

サラダ油を使うので、軽い食感に。
驚くほどかんたんに作れます

［食べごろ：当日〜
　保存期間：常温で翌々日（夏場は翌日）、冷凍で2週間］

材料　18×8×6cmのパウンド型1個分

バナナ	1本
サラダ油	50ml
砂糖	60g
卵	1個
A ［薄力粉	100g
ベーキングパウダー	小さじ1
くるみ	20g
ラム酒	大さじ1½

バナナは、黒い斑点が出るくらい、よく熟したものを使うとおいしい

準備

・Aは合わせて2回ふるいます。
・くるみはフライパンでからいりするか、約170℃（ガスオーブン160℃）のオーブンで5分ほど焼きます。
・型に型紙を敷きます（→p.5）。

1　バナナはフォークの背でつぶします。くるみはあらみじんに切ります。
※オーブンを170℃に予熱します。

2　中くらいのボールにサラダ油と砂糖を合わせ、泡立器（ハンドミキサーは不適）で、ザラザラした感じがなくなるまで、すり混ぜます。

3　卵をほぐします。2に加え、なめらかになるまで混ぜます。バナナ、ラム酒を加え、さらに混ぜます。

4　Aを加えて混ぜます。粉気がなくなったら、くるみを加えて、さらに混ぜます。型に流し、約170℃（ガスオーブン160℃）のオーブンで約40分焼きます。

ウィークエンド

レモンの酸味が、アイシングの甘さで際立つ
リッチなケーキです

[食べごろ：翌日〜
  保存期間：常温で翌々日、冷凍で2週間 ---- ※冷凍するときは、5を終えた段階で。
                                          解凍後、6、7を行う。]

材料　18×8×6cmのパウンド型1個分

- 卵 ------------------ 2個
- グラニュ糖 ---------- 100g
- A
  - サワークリーム（室温にもどす） ------ 30g
  - レモン汁 ------ 大さじ1
  - レモンの皮 ---- 1個分
- B
  - 薄力粉 -------- 60g
  - アーモンドプードル ---- 40g
  - ベーキングパウダー ---- 小さじ1/2
- バター（食塩不使用） ------ 90g
- C
  - あんずジャム ------ 大さじ2
  - ブランデー -------- 小さじ1
- ＜アイシング＞
- 粉糖 ---------------- 60g
- レモン汁 ------------ 大さじ1弱

準備

・Bは合わせて2回ふるいます。
・レモンは1個分の皮をすりおろし（白い部分はにがくなるのでおろしません）、しぼり汁をAの大さじ1と、アイシング用の大さじ1弱に分けます。
・バターは鍋にわかした熱湯で湯せんにかけて溶かし、弱火にして、そのまま熱くしておきます。
・型に型紙を敷きます（→p.5）。

1 大きめのボールに卵を割りほぐします。グラニュ糖を加えて泡立て器で泡立てます。

＊始めのうち、60℃くらいの湯せんにかけると早く泡立ちます。生地が人肌よりぬるい程度（約30℃）になったら、湯をはずします。温めすぎると、キメがあらくなります。

2 生地で「の」の字がしっかりと描けるようになったら、低速に落とし、ゆっくり何周かさせて、泡のキメを整えます。

※オーブンを170℃に予熱します。

3 Aを加え、全体がなじむまで混ぜます。ゴムべらにかえ、Bを加えて、切っては底からすくい上げるように、粉気がなくなるまで混ぜます。

4 溶かしバターを全体に回し入れ、底からすくい上げるように混ぜます。型に入れ、表面を平らにします。型を10cm程度の高さから2回ほど落とし、余分な空気を抜きます。約170℃（ガスオーブン160℃）のオーブンで35〜40分焼きます。Cは合わせます。

5 焼きあがったら、型からはずします。あら熱がとれたら、紙をはがし、上面と側面にCをはけで塗ります。中まで完全にさまします。

5

6 アイシングを作ります。粉糖にレモン汁大さじ1弱を少しずつ加え、リボン状に流れる程度のかたさにします。

※オーブンを230℃に予熱します。

7 オーブン皿に網を重ね、ケーキをのせます。ジャムの上からアイシングを塗ります。約230℃（ガスオーブン220℃）のオーブンで約2分加熱し、アイシングを乾かします。

7

抹茶とあずきのケーキ

中にはあずきがぎっしり。
はちみつ入りで、しっとりした味わいです

［食べごろ：当日〜
　保存期間：常温で5日、冷凍で2週間］

材料　18.5cmの角型1個分

卵	4個
砂糖	80g
A ［ゆであずき（缶詰）	大1缶（400〜430g）
はちみつ	20g
B ［薄力粉	130g
抹茶	大さじ1½
ベーキングパウダー	小さじ¾
サラダ油	50ml
いりごま（白）	大さじ1

2

3

準備

・Bは合わせて2回ふるいます。砂糖も1回ふるいます。
・型に型紙を敷きます（→p.5）。

1 大きめのボールに卵を割りほぐします。砂糖を加えて泡立器で混ぜます。

＊始めのうち、60℃くらいの湯せんにかけると早く泡立ちます。生地が人肌よりぬるい程度（約30℃）になったら、湯をはずします。温めすぎると、キメがあらくなります。

2 生地で「の」の字がしっかりと描けるようになったら、低速に落とし、ゆっくり何周かさせて、泡のキメを整えます。

※オーブンを160℃に予熱します。

3 中くらいの大きさのボールにAを合わせます。2の⅓程度を加え、泡立器（ハンドミキサーは不適）でざっと混ぜます。

4 ゴムべらにかえます。3を2のボールにもどし、切るように混ぜます。

5 4にBを加え、切っては底からすくい上げるように混ぜます。粉気がなくなったら、サラダ油を全体に散らすように加え、底からすくい上げるように混ぜます。

6 型に流し、表面を平らにします。白ごまを全体に散らし、約160℃（ガスオーブン150℃）のオーブンで50〜55分焼きます。

抹茶を入れずに作ることもできます

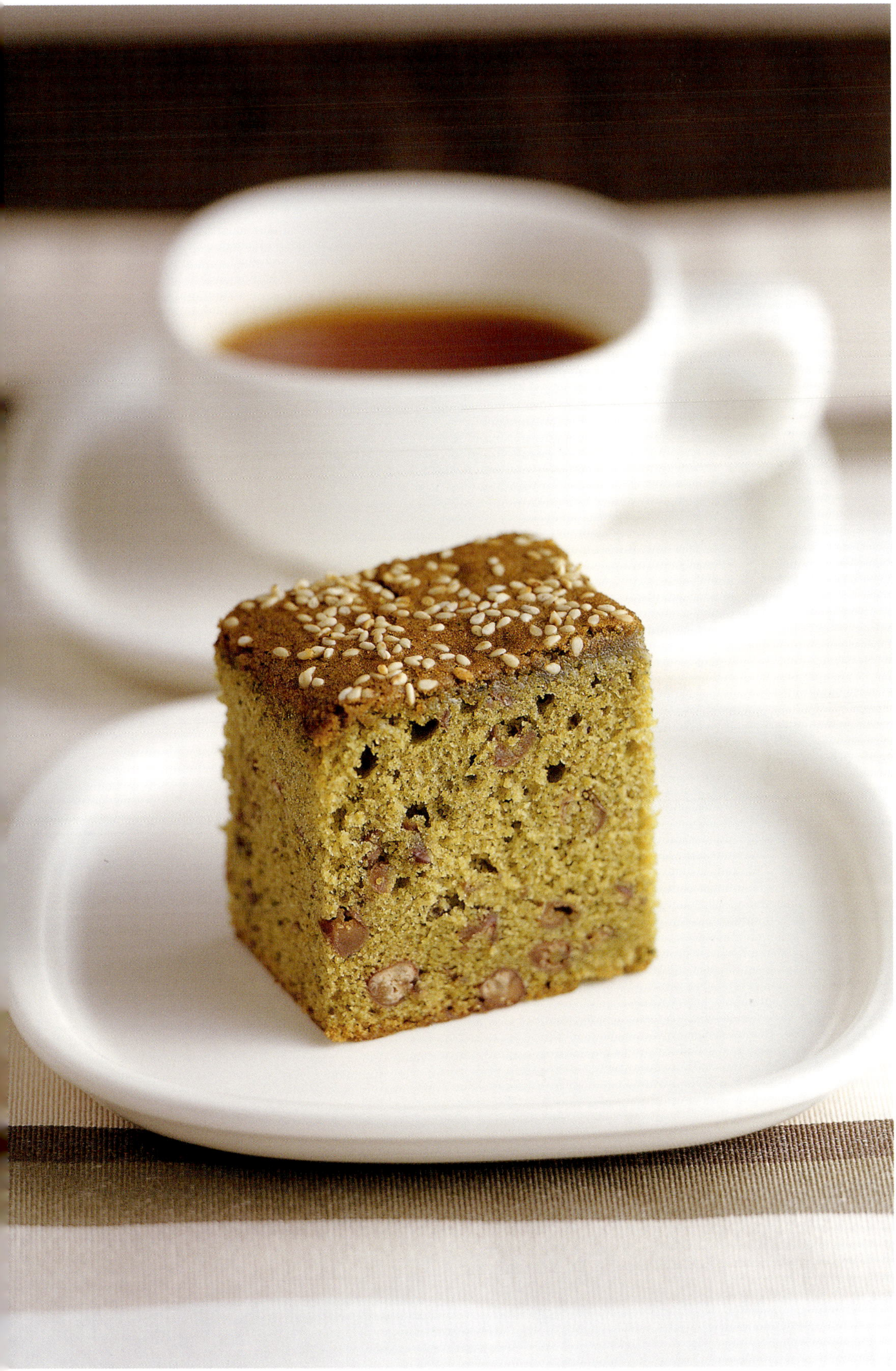

スパイスケーキ

仕上げのアイシングが
見た目と味のアクセントになります

［食べごろ：当日〜
　保存期間：常温で5日、冷凍で2週間］

材料　直径18cmのクグロフ型（容量約1400ml）1個分

卵	2個
ブラウンシュガー*	120g
A ┌ 薄力粉	120g
├ シナモンパウダー	小さじ1/2
├ オールスパイス	小さじ1/3
└ ベーキングパウダー	小さじ1/4
バター（食塩不使用）	120g
＜アイシング＞	
粉糖	30g
レモン汁	小さじ1

*三温糖でも。

準備

・Aは合わせて2回ふるいます。ブラウンシュガーも1回ふるいます。
・型にバター（食塩不使用・材料外）をまんべんなく塗り、薄力粉（材料外）をふって余分を落とし、冷蔵庫で冷やしておきます。
・バターは鍋にわかした熱湯で湯せんにかけて溶かし、弱火にして、そのまま熱くしておきます。

1 大きめのボールに卵を割りほぐします。ブラウンシュガーを加えて泡立器で泡立てます。

*始めのうち、60℃くらいの湯せんにかけると早く泡立ちます。生地が人肌よりぬるい程度（約30℃）になったら、湯をはずします。温めすぎると、キメがあらくなります。

2 生地で「の」の字がしっかりと描けるようになったら、低速に落とし、ゆっくり何周かさせて、泡のキメを整えます。

※オーブンを170℃に予熱します。

3 ゴムべらにかえます。Aを加え、切っては底からすくい上げるように、粉気がなくなるまで混ぜます。

4 溶かしバターを全体に散らすように加え、底からすくい上げるように混ぜます。

5 型に入れ、表面を平らにします。約170℃（ガスオーブン160℃）のオーブンで約40分焼きます。温かいうちに、逆さにして型からはずし、完全にさまします。

6 アイシングを作ります。粉糖にレモン汁を少しずつ加え、リボン状に流れる程度のかたさにします。スプーンなどで、5に筋状にたらし、そのままおいて乾かします（冷凍保存するときは、アイシングはかけません）。

37

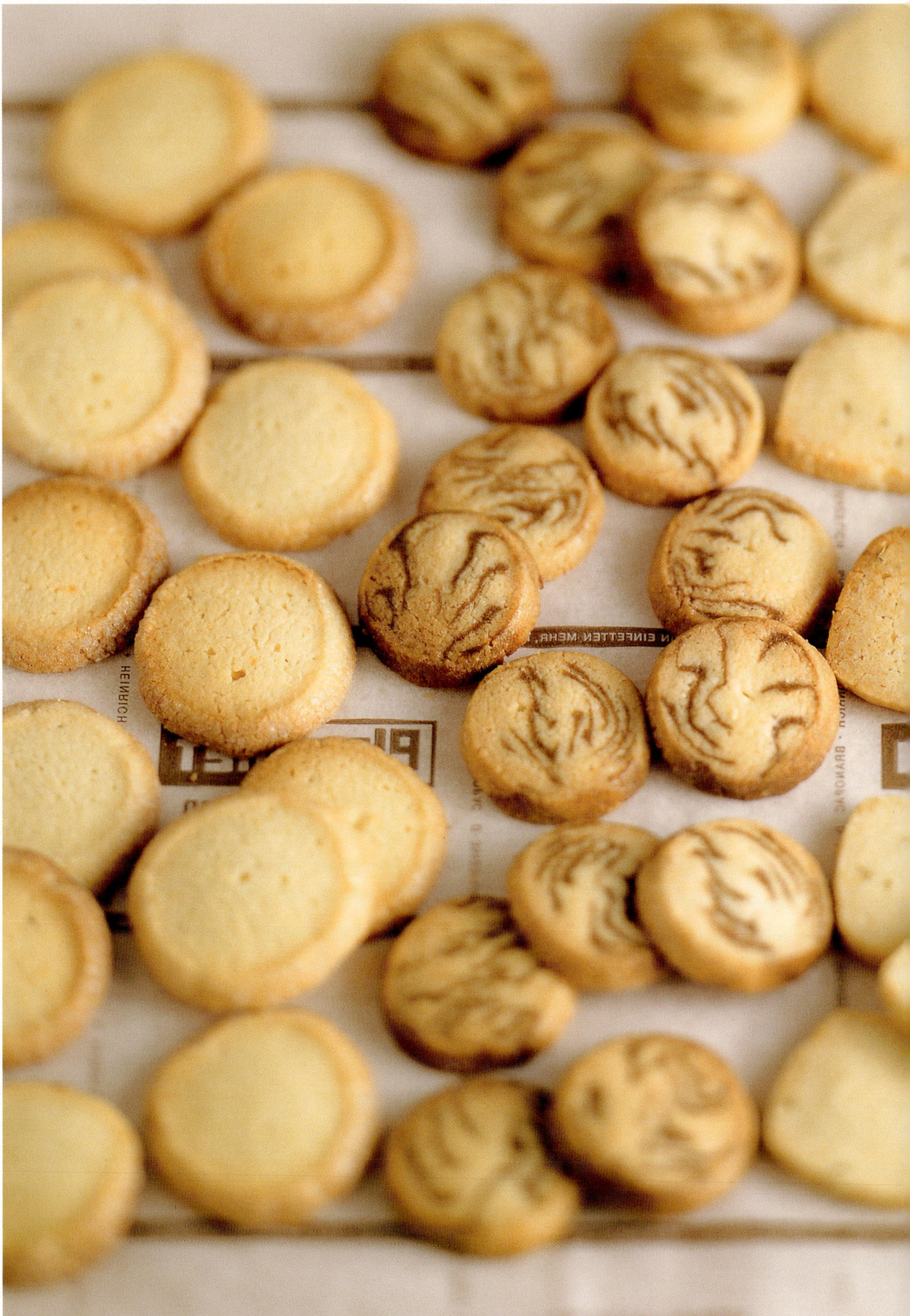

アイスボックスクッキー3種

アイスボックス
クッキー3種

生地を冷凍しておき、食べたい分だけ焼いても。
いつでも焼きたてが味わえます

[食べごろ：当日〜
保存期間：常温で10日、(焼いてから) 冷凍で3週間]

材料

レモンサブレ
約40枚分

バター	100g
砂糖	60g
卵黄	1個分
レモンの皮	1個分
レモン汁	大さじ1
A [薄力粉	120g
アーモンドプードル	20g
グラニュ糖	大さじ2

ハーブチーズクッキー
約40枚分

バター	100g
砂糖	大さじ2
卵（ほぐす）	1/2個
A [薄力粉	120g
粉チーズ	50g
ローズマリー（乾燥）	小さじ2

＊右と同様に作ります（プロセス1は除く）。卵黄のかわりに、とき卵1/2個を使い、薄力粉を加えたあと、チーズとローズマリーを加えます。生地を2等分し、四角く（約2.5×2.5cm）成形します。

コーヒーマーブルクッキー
約40枚分

バター	100g
砂糖	60g
卵黄	1個分
A [薄力粉	140g
B [インスタントコーヒー	大さじ1
湯	小さじ1/2弱

＊Bは合わせます。プロセス4まで右と同様に作ります（プロセス1は除く）。生地の約1/4量にBをゴムべらで練りこみます。残りの生地とそれぞれ棒状にし、合わせて数回ねじり、マーブル状にします。そのあと、5から同様に作ります。

<レモンサブレの作り方>

準備

・バターは切って、大きめのボールに入れ、室温でやわらかくします。卵は室温にもどします。
・Aは合わせて2回ふるいます。砂糖も1回ふるいます。
・オーブン皿にオーブンシートを敷きます。

1

レモンはよく洗い、皮の表面だけをすりおろします（白い部分は、にがくなるのでおろしません）。レモン汁を大さじ1とります。

2

バターを泡立て器でクリーム状になるまで練ります。砂糖を3回に分けて加え、そのつどすり混ぜます。

4

ゴムべらにかえ、Aを加えて、粉気がなくなるまで切るように混ぜます。

6

※オーブンを170℃に予熱します。

外側にグラニュ糖をまぶし、約7mm厚さに切ります。オーブンシートに並べます。

＊一度に焼けない場合は、オーブン皿にのる分だけを切り、残りは冷蔵庫に入れておきます。次の生地は、オーブン皿をさましてから並べます（水にくぐらせるとすぐにさめます）。

3

卵黄をほぐして2回に分けて加え、そのつど混ぜます。レモンサブレは、レモンの皮とレモン汁を加え、さらに混ぜます。

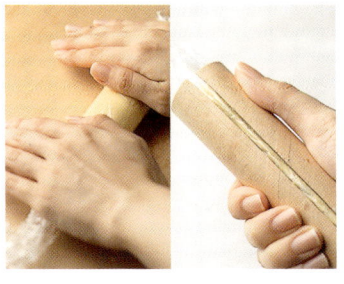

5

生地を2等分し、ラップ（またはクッキングシート）でくるみ、直径2〜3cmの棒状にします。冷蔵庫で1時間ほど冷やし固めます。

＊ラップの芯など、筒状のものを縦半分に切って使うと、きれいに成形できます。
＊この段階で、冷凍保存できます。ラップごと冷凍保存用ポリ袋に入れ、冷凍庫へ（保存期間：約3週間）。焼くときは、冷蔵庫で、包丁が入る程度に解凍してから切ります。

7

約170℃（ガスオーブン160℃）のオーブンで約15分焼きます。クッキーの裏を見て、焼き色のよいものから網にとります。始めは少しやわらかくても、さめるとサクッとかたくなるので、焼きすぎないようにします。

＊クッキーは、ふきんをかけずにさまします（かけると湿気てしまう）。完全にさめたら、ポリ袋や容器に入れ、密封します。

木の実のタルトバー

ミックスナッツで気軽に作ります。
棒状に切って、気楽につまんで

［食べごろ：当日〜
保存期間：常温で5日、冷凍で2週間］

材料　8〜9本分

A	薄力粉	80g
	アーモンドプードル	40g
	砂糖	40g
バター		80g
卵（ほぐす）		1/2個
ミックスナッツ（おつまみ用）*		80g
卵（ほぐす）		大さじ1/2
粉糖		大さじ1/2
厚手のポリ袋（長さ25cm以上）		1枚

＊数種類の塩味のついたナッツがミックスされたもの。もちろん、好みの製菓用のナッツを数種類組み合わせて作ってもかまいません（製菓用のナッツは塩気はついていないので、そのまま使えます）。

準備

・バターは7〜8mm角に切り、冷蔵庫でかたくしておきます。
・Aは合わせて、中くらいのボールに直接ふるい入れます。
・ミックスナッツの表面についた塩を、ペーパータオルでふきとります。
・オーブン皿にオーブンシートを敷きます。

1　Aを入れたボールにバターを加え、ケーキカードかフォークでバターを切りながら、粉と合わせます。

2　バターがあずき粒大になったら、バターと粉を手ですり合わせ、サラサラの状態にします（1〜2はクッキングカッターを使うとかんたんにできます）。

3　ゴムべらにかえ、卵1/2個を加えて、切るように混ぜます。粉気がなくなったら、ひとつにまとめ、ポリ袋に入れます。冷蔵庫で約1時間、生地を休ませます。

4　※オーブンを170℃に予熱します。
生地をポリ袋に入れたまま、めん棒で約6×25cmにのばします。

5　袋を切り開き、生地をオーブン皿にのせます。卵大さじ1/2を塗ってナッツをのせ、上から手でギュッと押します。約170℃（ガスオーブン160℃）のオーブンで約30分焼きます。ぬくもりが残っているうちに、約2cm幅に切ります（始めは少しやわらかくても、さめるとサクッとかたくなってきます）。さめたら粉糖をふります。

＊たいへんくずれやすいので、ケーキクーラーやまな板に移すときは、ていねいに扱います。

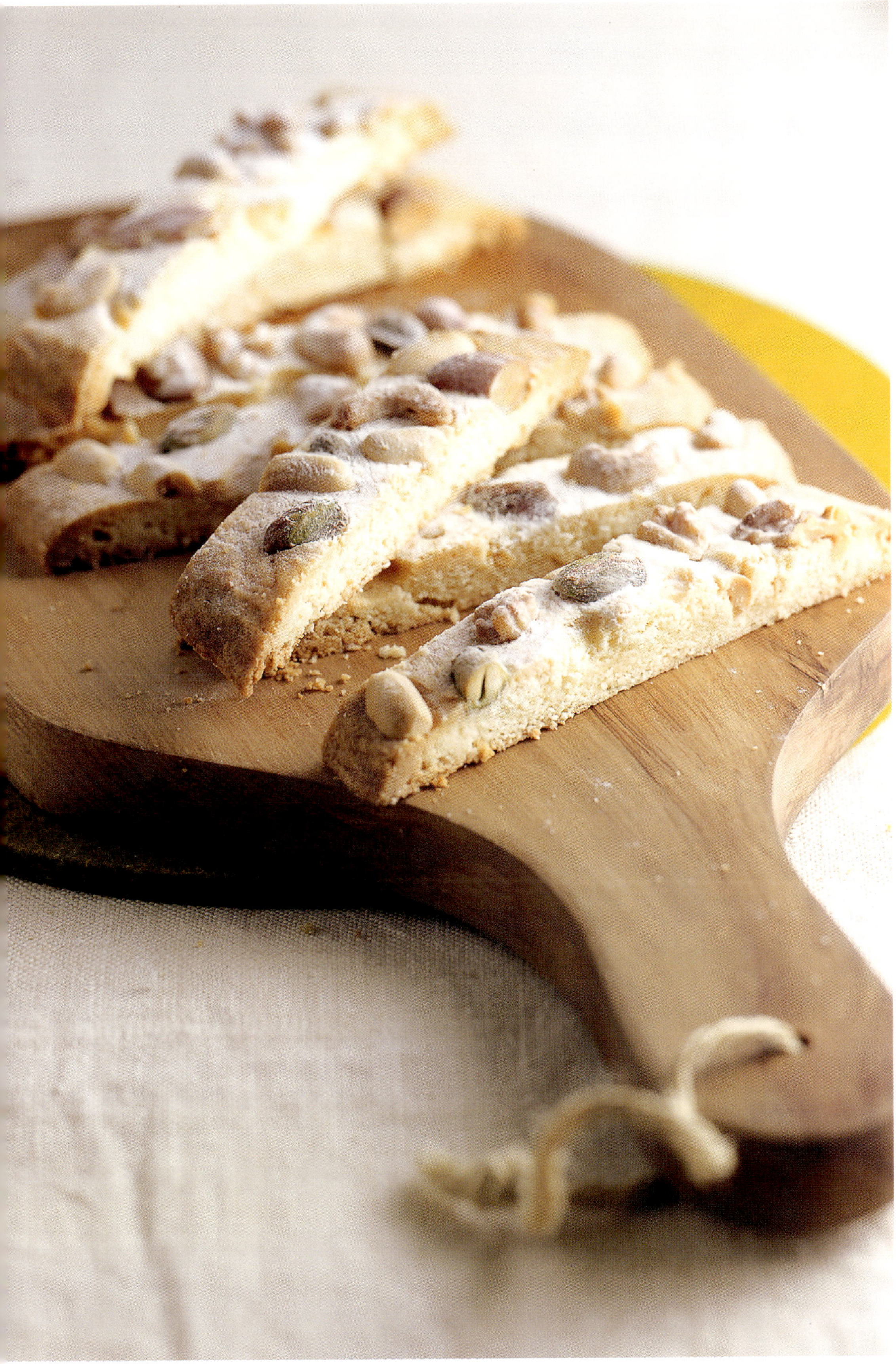

アメリカンクッキー

子どもから大人まで人気のクッキー。
コーンフレークスの素朴さがいい

［食べごろ：当日～
保存期間：常温で10日、冷凍で1か月］

材料　約32枚分

バター	120g
砂糖	60g
卵	1個
A　薄力粉	120g
ベーキングパウダー	小さじ½
コーンフレークス＊	60g
レーズン	40g
チョコレート	40g

＊砂糖でコーティングされていないタイプのものだと、すっきりとした味に仕上がります。

準備

・バターは切って、大きめのボールに入れ、室温でやわらかくします。卵は室温にもどします。
・Aは合わせて2回ふるいます。砂糖も1回ふるいます。
・レーズンはぬるま湯で洗い、水気をふきます。
・チョコレートはあらくきざみます。
・オーブン皿にオーブンシートを敷きます。

1　バターを泡立器でクリーム状にします。砂糖を2回に分けて加え、白っぽくなるまですり混ぜます。

2　卵をほぐして、3～4回に分けて加え、そのつどよく混ぜます。

3　ゴムべらにかえ、Aを加えて、切るように混ぜます。粉気がなくなったら、コーンフレークス、レーズン、チョコレートを加えて混ぜます。

※オーブンを170℃に予熱します。

4　生地をティースプーンで山盛り1杯ずつすくい、オーブン皿に落とし並べます（焼くと広がるので、間隔を3cm程度あけます）。水でぬらしたフォークで、直径4cm程度に形を整えます。

＊一度に焼けない場合、残りの生地は冷蔵庫に入れておきます。次の生地は、オーブン皿をさましてから並べます（水にくぐらせるとすぐにさめます）。

5　約170℃（ガスオーブン160℃）のオーブンで16～17分焼きます。クッキーの裏を見て、焼き色がよければ網にとります。始めは少しやわらかくても、さめればサクッとかたくなってきます。

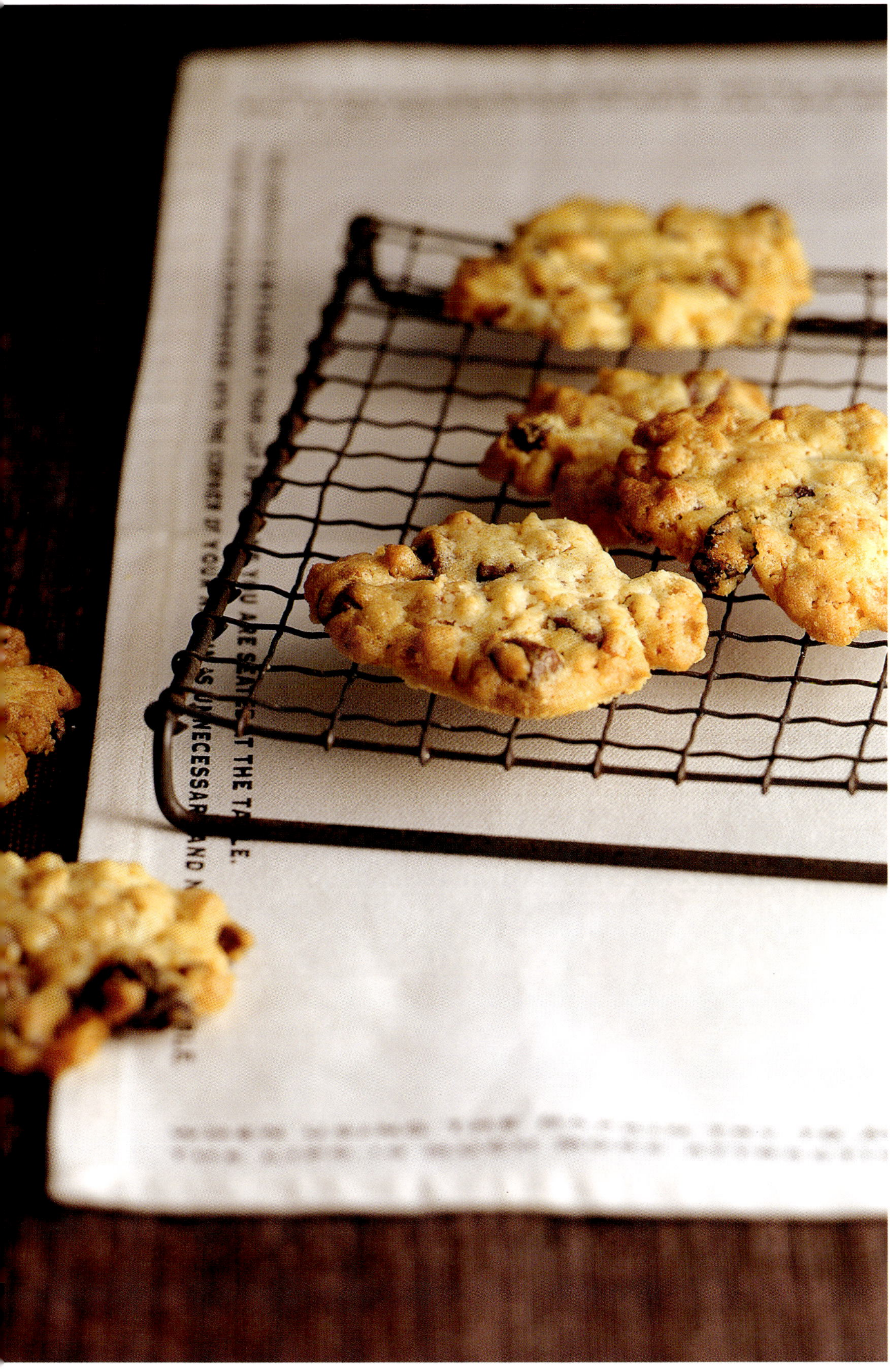

ジャムスクウェアクッキー

クッキーとケーキの中間のような
やわらかく、しっとりとした味わいです

［食べごろ：当日〜
　保存期間：常温で1週間、冷凍で1か月］

材料　約29×25cm（面積：約725㎠）の角型またはオーブン皿1枚分*

バター	180g
ブラウンシュガー**	150g
卵	1個
A ┌ 薄力粉	100g
├ アーモンドプードル	100g
├ 全粒粉	160g
├ シナモンパウダー	小さじ2/3
└ ベーキングパウダー	小さじ1/3
ラズベリージャム***	120g
厚手のポリ袋（長さ30cm以上）	2枚

*材料を半量にして、18.5cmの角型1枚分として作ることもできます。焼き時間は5分ほど短くします。
**三温糖でも。
***ラズベリージャムが最適ですが、いちごジャム、ブルーベリージャムなど他のベリー系のジャムでも。

準備

・バターは切って、大きめのボールに入れ、室温でやわらかくします。卵は室温にもどします。
・Aは合わせて2回ふるいます。ブラウンシュガーも1回ふるいます。
・型に、端まできっちりオーブンシートを敷きます。または、バター（材料外）を薄く塗ります。

1　バターを泡立器でクリーム状にします。ブラウンシュガーを3回に分けて加え、茶色が少し白っぽくなるまですり混ぜます。

2　卵をほぐして、3〜4回に分けて加え、そのつどよく混ぜます。

3　ゴムべらにかえ、Aを加えて、粉気がなくなるまで、切るように混ぜます。生地を2等分して、それぞれポリ袋に入れ、あとでのばしやすいよう、めん棒で1cm程度の厚さにざっとのばします。冷蔵庫で約1時間、生地を休ませます。

4　生地の半量をポリ袋に入れたまま、型のサイズに合わせてのばします（約5〜6mm厚さ）。袋を切り開き、型に均一に敷き詰めます。フォークでところどころ穴をあけ、ジャムを均等にのばします。

5　※オーブンを170℃に予熱します。
残りの生地を、ポリ袋に入れたまま、4と同様にのばします。縦に12等分に切り、4の上に格子状にのせ、型からはみ出した部分は切り落とします。

*やわらかく、だれやすい生地です。途中でべとつくようなら、そのつど10分ほど冷蔵庫に入れ、休ませながら作業をします。

6　約170℃（ガスオーブン160℃）のオーブンで約35分焼きます。ぬくもりが残っているうちに、好みの大きさに切ります。

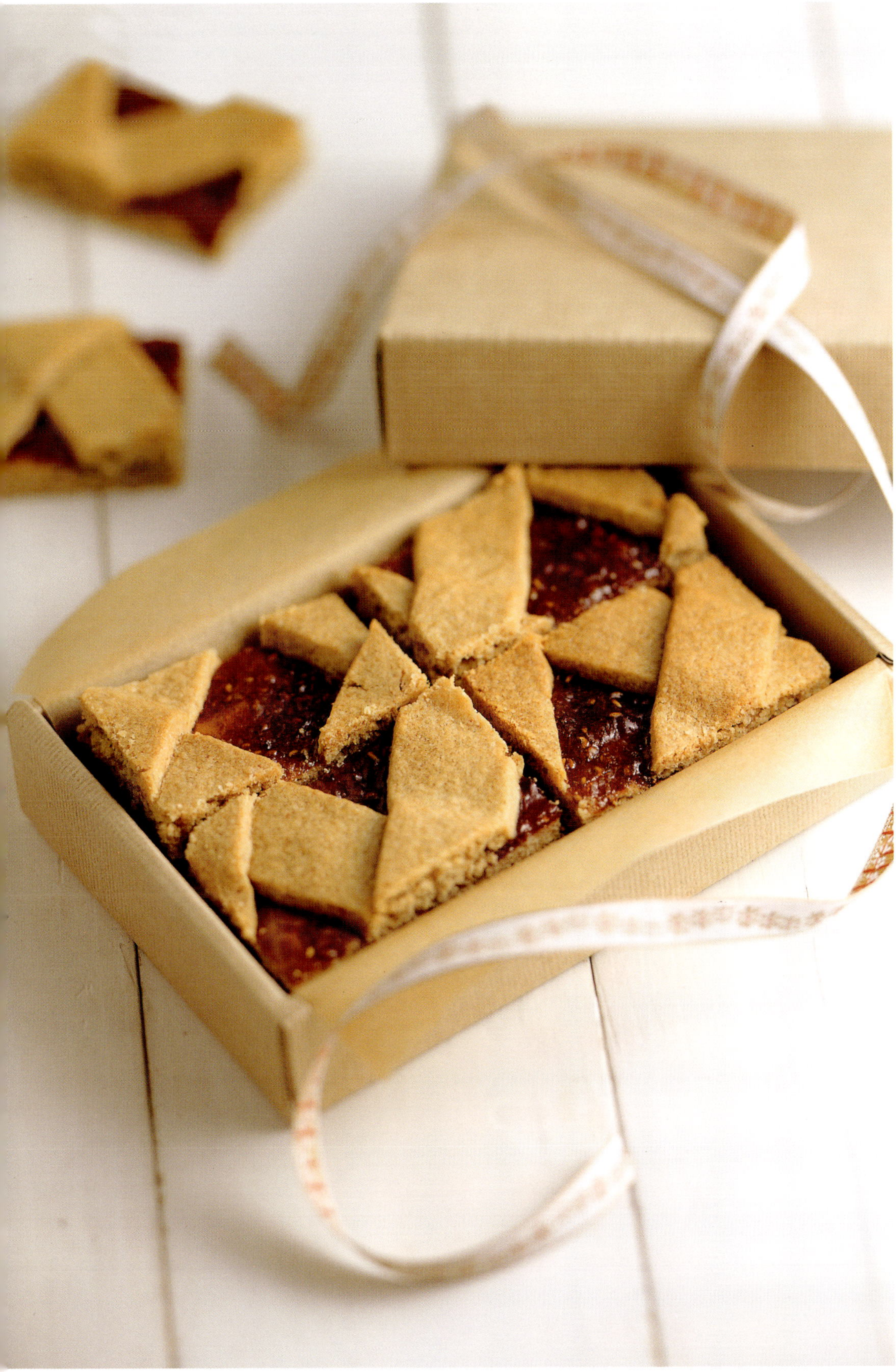

スコーン2種

表面サクッ、中はふんわりの
絶品スコーンができました

［食べごろ：当日〜
　保存期間：常温で翌々日、冷凍で2週間］

材料

バジルとチーズのスコーン
10個分

A	薄力粉	230g
	ベーキングパウダー	小さじ2½
	きび砂糖*	大さじ1½
	塩	ひとつまみ
	粉チーズ	大さじ4 (24g)
バター		40g
牛乳		150ml
バジルの葉(生)**		10g
牛乳		大さじ1

＊三温糖でも。
＊＊乾燥バジル大さじ2で代用できますが、生のほうが風味がよくなるので、おすすめです。葉の色もあまり変わりません。

ラムレーズンのスコーン
10個分

A	薄力粉	120g
	全粒粉	110g
	ベーキングパウダー	小さじ2½
	きび砂糖*	大さじ1½
	塩	ひとつまみ
バター		40g
牛乳		130ml
レーズン		40g
ラム酒		大さじ1
牛乳		大さじ1

＊三温糖でも。
※レーズンにラム酒をまぶし、ラムレーズンを作ります（前日から用意しておくとよい）。バジルをラムレーズンにかえ、右と同様に作ります。バター、ジャムなどをつけて食べます。

＜バジルとチーズのスコーンの作り方＞

準備
・Aは合わせて、大きめのボールに直接ふるい入れます。
・バターは1cm角に切り、冷蔵庫でかたくしておきます。
・バジルは洗って、水気をふき、あらみじんに切ります。
・オーブン皿にオーブンシートを敷きます。

1 Aを入れたボールにバターを加え、ケーキカードかフォークでバターを切りながら、粉と合わせます。

2 バターが5mm角程度になったら、バターと粉を手ですり合わせ、サラサラの状態にします（1〜2はクッキングカッターを使うと、かんたんにできます）。

3 バジルを加え、さっと混ぜます。ゴムべらにかえ、牛乳150mlを少しずつ加え、切るように混ぜます。
※オーブンを190℃に予熱します。

4 打ち粉（強力粉または薄力粉・材料外）をふった台に生地をとり、生地の角度を変えながら、20回ほど手早くこねます。めん棒で約2cm厚さにのばし、直径約5cmの丸い抜き型（またはコップなど）で抜きます。抜いた残りはまとめ、再びのばして抜きます。
＊数回こねることで、粉のうま味が出てきます。

5 オーブン皿に4を並べ、上面に牛乳大さじ1をはけで塗ります。約190℃（ガスオーブン180℃）のオーブンで約20分焼きます。

＊焼きたてにバター、オリーブ油などをつけて食べます。さめてしまった場合は、オーブントースターで軽く温め直してから食べます。できあがりを冷凍した場合は、30分ほど室温に置いたあと、オーブントースターへ。

2　　　4

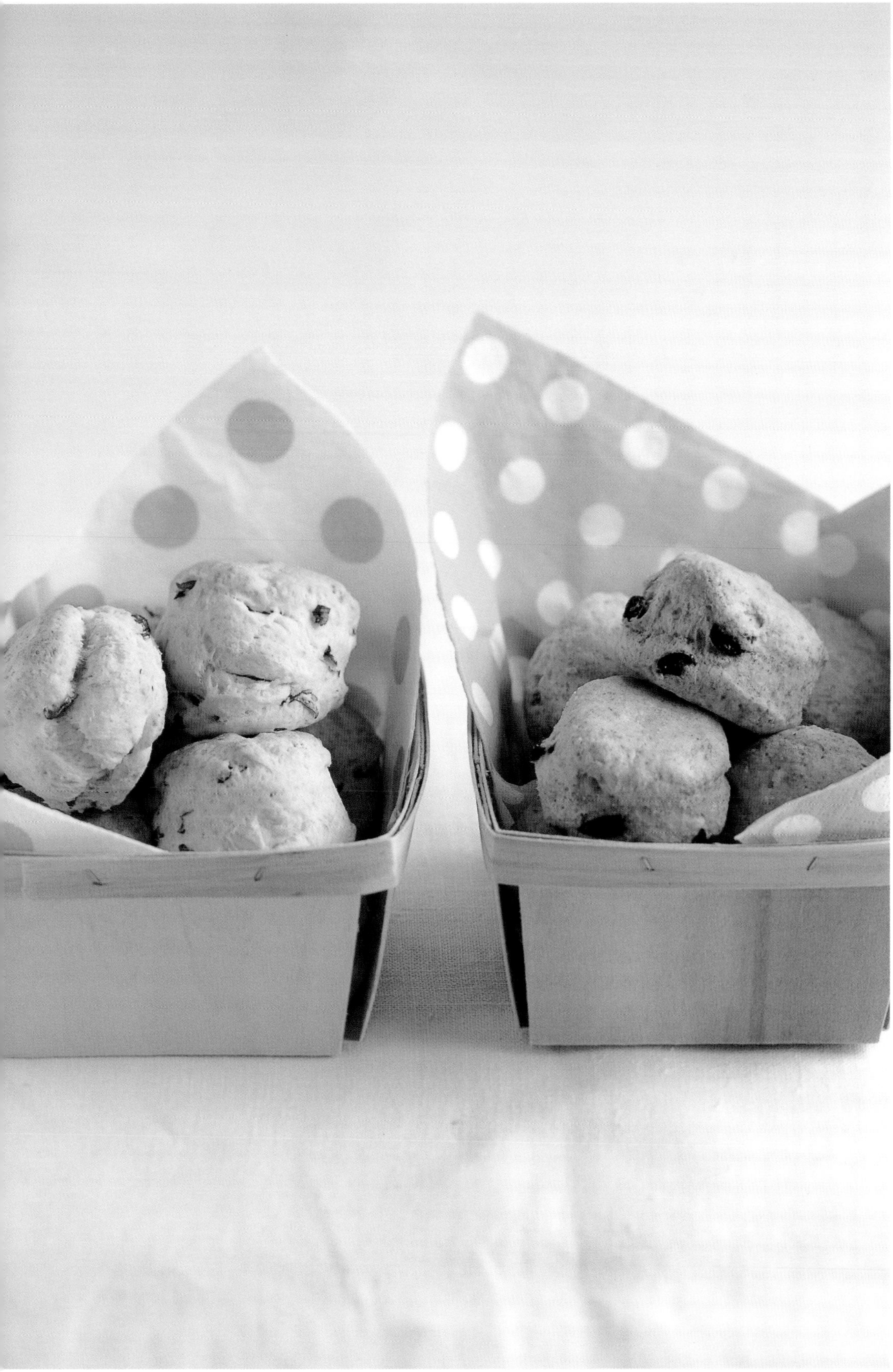

ラビオリクッキー

ラビオリのように中に具が入っています。
何を入れたかは、お楽しみ

[食べごろ：当日〜
保存期間：常温で10日、冷凍で1か月]

材料　2種類合わせて20個

バター	60g
砂糖	40g
卵黄	1個分
A [薄力粉	90g
アーモンドプードル]	20g
バニラオイル	3滴
[レーズン	10g
干しいちじく]	20g
[チョコレート	10g
オレンジピール（みじん切り）]	20g
卵白	適量
厚手のポリ袋（長さ25cm以上）	1枚

中身の材料

準備

・バターは切って、大きめのボールに入れ、室温でやわらかくします。卵黄は室温にもどします。
・Aは合わせて2回ふるいます。砂糖も1回ふるいます。
・レーズンはぬるま湯で洗い、水気をふき、あらみじんに切ります。いちじく、チョコレートは、それぞれあらみじんに切ります。レーズンといちじく、チョコレートとオレンジピールを、それぞれ合わせます。
・オーブン皿にオーブンシートを敷きます。

1　バターを泡立器でクリーム状にします。砂糖を2回に分けて加え、白っぽくなるまですり混ぜます。

2　卵黄、バニラオイルを加えて、よく混ぜます。

3　ゴムべらにかえ、Aを加えて、粉気がなくなるまで、切るように混ぜます。ポリ袋に入れ、めん棒で約3mm厚さにのばします。冷蔵庫で約30分、生地を休ませます。

4　※オーブンを170℃に予熱します。
ポリ袋を切り開き、直径約6cmの丸い抜き型で10枚抜きます。残りはまとめ、再びのばして、5×5cmの四角を10枚とります。丸い生地には、レーズンといちじく、四角い生地には、チョコレートとオレンジピールをのせ、2つに折り、軽く押さえます。
＊やわらかく、だれやすい生地です。途中でべとつくようなら、そのつど10分ほど冷蔵庫に入れ、休ませながら作業をします。

5　上面に卵白をはけで塗り、竹串で空気穴を2〜3個あけます。約170℃（ガスオーブン160℃）のオーブンで約13分焼きます。クッキーの裏を見て、焼き色がよければ網にとります（さめると、焼きたてよりはかたくなりますが、多少しっとりした仕上がりです）。

51

マカロン

ガリッ、ゴリッの楽しい歯ごたえ。
香ばしいお菓子です

［食べごろ：当日〜
　保存期間：常温で2週間、冷凍で1か月］

材料 32個分

アーモンド（ホール）*	80g
くるみ*	50g
グラニュ糖	80g
シナモンパウダー	小さじ1/4
卵白	1個分

＊どちらか1種類のナッツを130gにして作ってもよい。また、ピーナッツ、ピーカンナッツなど、好みのナッツ（塩味のついていないもの）で代用しても。

準備

・アーモンドとくるみは、それぞれ3mm角にきざみます（まんべんなく、ていねいに細かくきざむと、あとで形が作りやすい。クッキングカッターを使うとかんたんです）。
・オーブン皿にオーブンシートを敷きます。

1 鍋にアーモンド、くるみ、グラニュ糖、シナモンを入れて、木べらでよく混ぜます。

2 卵白を加え、さらに混ぜます。

＊ここでグラニュ糖が完全に溶けるくらい、しっかり混ぜておくのがコツ。混ぜ方がたりないと、生地のまとまりが悪くなります。

3 2を弱火にかけます。絶えず鍋底をこすりながら、全体にねばりが出てくるまで1分弱加熱します。

※オーブンを160℃に予熱します。

4 生地が熱いうちに、ゴムべらでトレーにのばし、32等分して、人肌程度にさまします。手に少量の水（材料外）をつけながら、ひとつずつ丸めます。

＊丸めにくいときは、生地を冷凍庫で10分ほど休ませて、少しかためてから形作ります。

5 オーブン皿に並べ（焼くと広がるので、間隔を3cm程度あけます）、約160℃（ガスオーブン150℃）のオーブンで30〜35分焼きます。

あまった卵白は

お菓子づくりでは、卵白があまりがち。あまったものは冷凍しておき、マカロンやフィナンシェ（p.28）など、卵白のみを使うお菓子に利用しましょう。保存には小さめ（350ml）のペットボトルが便利（きれいに洗って乾かしてから使用します）。使用時は冷蔵庫で解凍し、再冷凍は避けます。1か月程度をめやすに使いきりましょう。

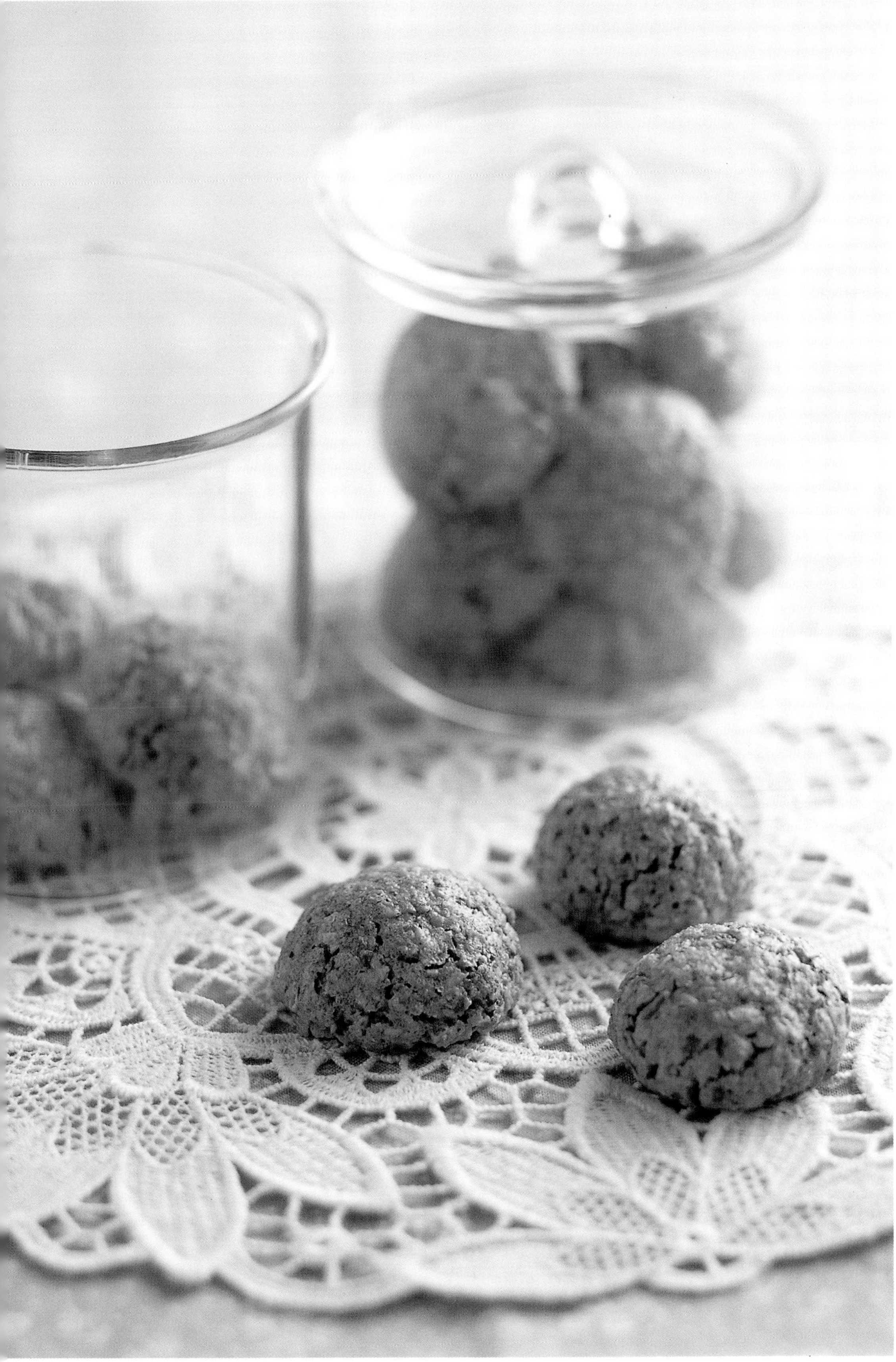

ミルクティークッキー

食べたあと、口に残るほのかな紅茶の香り。
やさしい味のクッキーです

［食べごろ：当日〜
　保存期間：常温で10日、冷凍で1か月］

材料　30〜40個分（口金の大きさにより、異なります）

バター（食塩不使用）	40g
粉糖	40g
塩	ひとつまみ
卵	½個
A［薄力粉	60g
スキムミルク	30g
紅茶の葉*（ティーバッグ）	1袋（2g）］

＊ダージリンか、アールグレイを使うと香りがよい。
茶葉を使う場合は葉を細かくきざみます。

準備

・バターは切って、中くらいのボールに入れ、室温でやわらかくします。卵は室温にもどします。
・Aは合わせて2回ふるいます。粉糖も1回ふるいます。

1　バターを泡立器でクリーム状にします。粉糖を2回に分けて加え、白っぽくなるまですり混ぜます。

2　塩を加えて混ぜます。卵をほぐし、2回に分けて加え、そのつどよく混ぜます。

3　ゴムべらにかえて、Aを加え、粉気がなくなるまで、切るように混ぜます。星口金をつけたしぼり袋に生地を入れます。

4　オーブン皿にオーブンシートを敷きます。

＊生地のごく少量をのりがわりにし、オーブン皿とオーブンシートの間をとめておくと、しぼり袋に引きずられてシートがくっついてくることがなく、スムーズにしぼり出すことができます。

5　※オーブンを160℃に予熱します。
貝形にしぼり出します。

＊上手にしぼり出すコツ
はじめに強くしぼり出し、手前に引くように、さっと力を抜きます。その際、最初に生地を置いた地点よりも、少し向こう側に口金の先をもどしてから、手前にしぼり出すようにすると、きれいな貝形になります。

6　約160℃（ガスオーブン150℃）のオーブンで約13分焼きます。クッキーの裏を見て、焼き色がよければ網にとります。始めは少しやわらかくても、さめるとサクッとかたくなってきます。

＊一度に焼けない場合は、オーブン皿にのる分だけをしぼり、残りの生地は冷蔵庫に入れておきます。次の生地は、オーブン皿をさましてから並べます（水にくぐらせるとすぐにさめます）。生地がかたくなりすぎるとしぼりにくいので、冷蔵庫から出し、しぼり袋の上から多少もんでやわらかくしてから作業を行います。

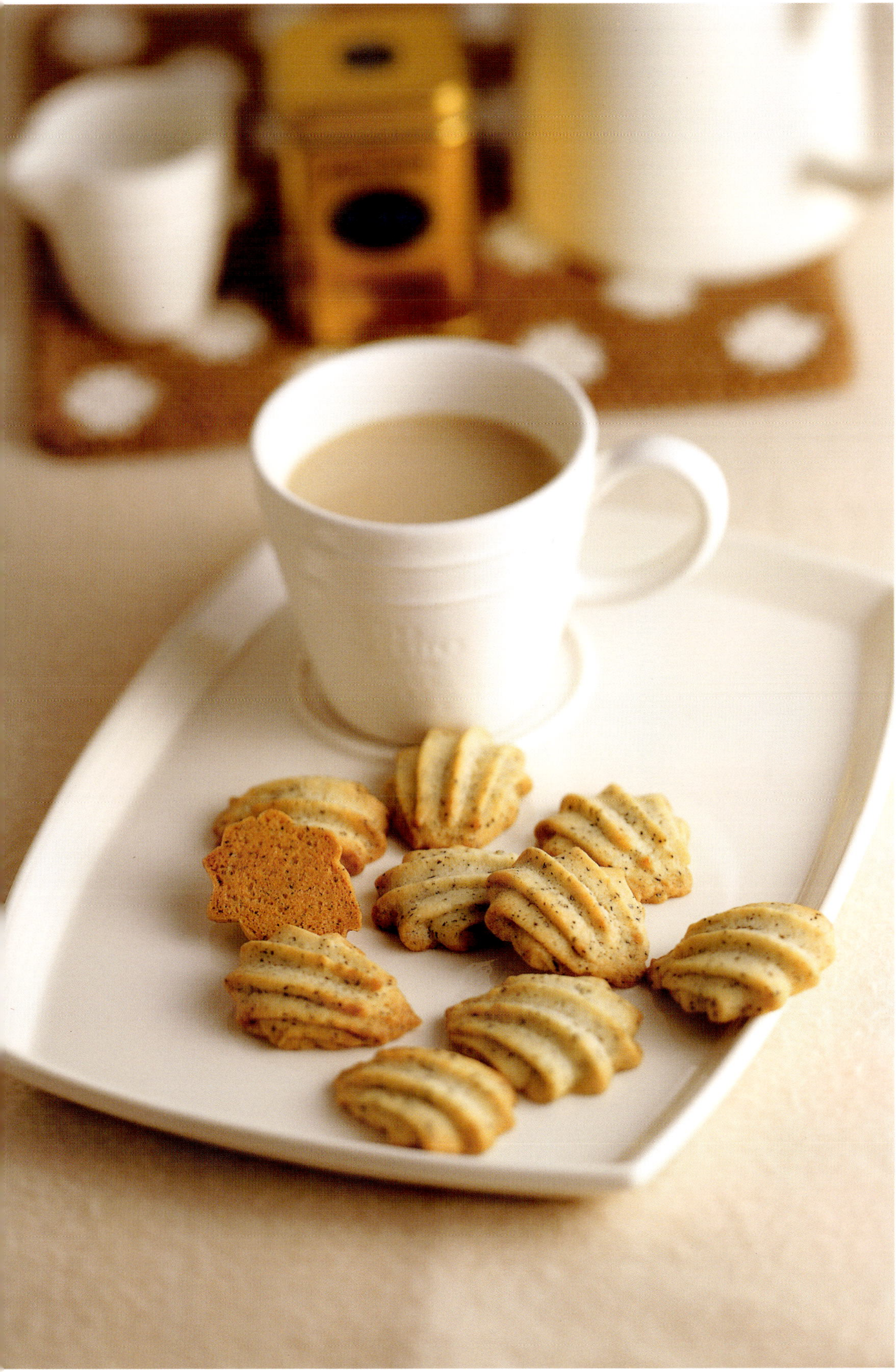

ビスコッティ

2度焼きして
カリッとかたい歯ごたえに

[食べごろ：当日〜
保存期間：常温で10日、冷凍で1か月]

材料　約16個分

A [薄力粉　　　　　　　　　　90g
　　ベーキングパウダー　　　小さじ1/2]
砂糖　　　　　　　　　　　　　50g
卵　　　　　　　　　　　　　　1個
アーモンド（ホール）*　　　　 80g

*くるみ、カシューナッツ、ピーナッツなど、好みのナッツ類を組み合わせて使っても。

準備

・アーモンドは約170℃（ガスオーブン160℃）のオーブンで5分ほどから焼きし、半量をあらくきざみます。
・Aを合わせて、大きめのボールにふるい入れます。
・オーブン皿にオーブンシートを敷きます。

1　卵をほぐして、Aを入れたボールに一度に加え、ゴムべらで粉気がなくなるまで混ぜます。

※オーブンを170℃に予熱します。

2　きざんだアーモンドと、ホールのままのアーモンドを両方加えて混ぜます。

3　オーブン皿に2を幅5〜6cm、長さ25〜30cmの棒状に整えます（かなり生地がべとつくので、ゴムべらを使うと形が整えやすい）。

4　約170℃（ガスオーブン160℃）のオーブンで約20分焼きます。とり出して、約1.5cm厚さに斜めに切ります。

5　※オーブンを150℃に下げます。
切り口を上にして、再びオーブン皿に並べます。約150℃（ガスオーブン140℃）で約15分焼き、裏返して、さらに10分ほど焼きます。

ビスコッティとは

イタリア・トスカーナ地方のお菓子。食後の小菓子として供されます。エスプレッソなど、濃いめにいれたコーヒーや、ヴィノサントという甘いデザートワインにひたして食べます。

57

きな粉のスノーボール

人気のスノーボールをきな粉風味で。
口の中で溶けるような繊細な食感です

［食べごろ：当日〜
　保存期間：常温で10日、冷凍で1か月］

材料　32個分

バター		80g
砂糖		20g
A	薄力粉	80g
	きな粉	20g
いりごま（白）		30g
B	粉糖	大さじ2（約15g）
	きな粉	大さじ2（約15g）
ポリ袋		1枚

準備

・バターは切って、大きめのボールに入れ、室温でやわらかくします。
・Aは合わせて2回ふるいます。砂糖も1回ふるいます。
・オーブン皿にオーブンシートを敷きます。

1　バターを泡立て器でクリーム状にします。砂糖を加え、白っぽくなるまですり混ぜます。

2　ごまを加えて混ぜます。ゴムべらにかえ、Aを加えて、粉気がなくなるまで、切るように混ぜます。

3　台にとり、生地を2等分し、それぞれを棒状にします。ラップで包み、冷蔵庫で30分、生地を休ませます。

4　※オーブンを170℃に予熱します。
3をそれぞれ包丁で16等分し、ひとつずつ丸めます。

5　約170℃（ガスオーブン160℃）のオーブンで約20分焼きます。クッキーの裏を見て、焼き色がよければ網にとり、完全にさまします。

6　ポリ袋にBを合わせます。5を入れて、全体にまぶします。

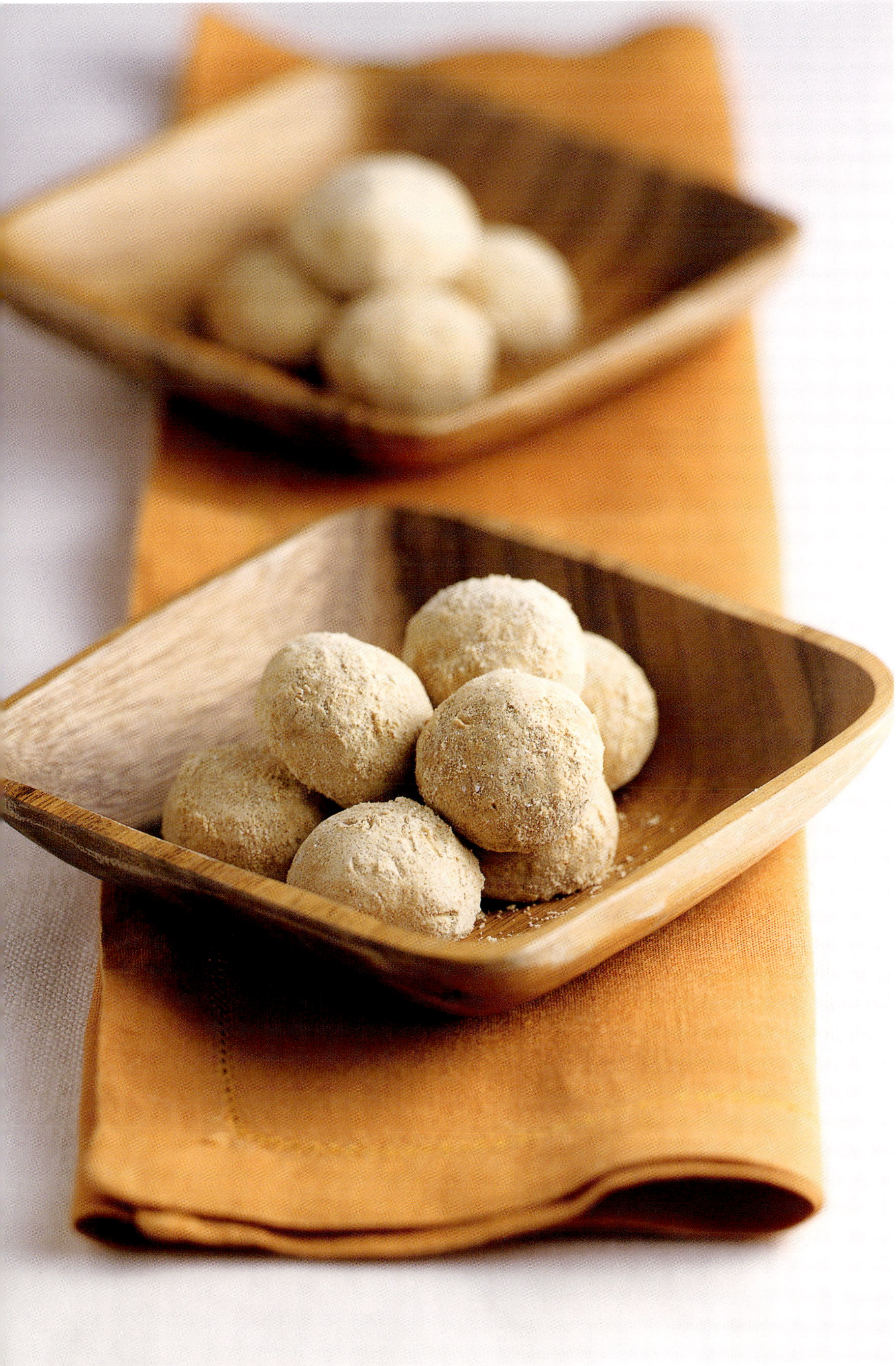

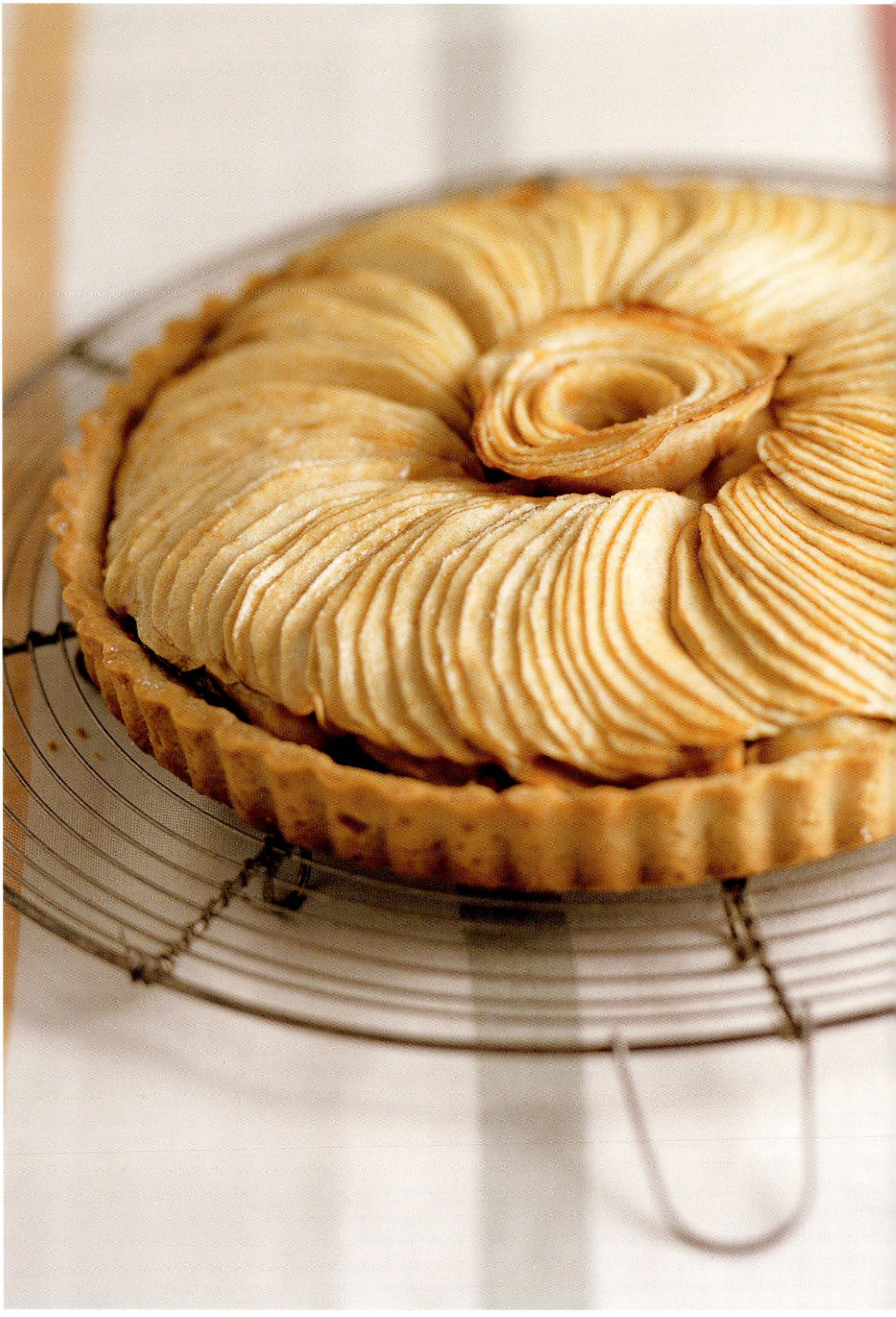

フレッシュ
りんごのタルト

フレッシュ
りんごのタルト

タルト生地には全粒粉で素朴さをプラス。
中にはりんごがギッシリ詰まっています

[食べごろ：当日〜
保存期間：冷蔵庫で翌々日　※冷凍は向きません]

材料　直径22cmのタルト型1個分

<タルト生地>
バター・・・・・・・・・・・・・・・・・ 80g
砂糖・・・・・・・・・・・・・・・・・・ 40g
卵（ほぐす）・・・・・・・・・・・・・ 1/2個
A [薄力粉・・・・・・・・・・・・ 120g
　　全粒粉・・・・・・・・・・・・ 30g]
厚手のポリ袋（長さ25cm以上）・ 1枚
<フィリング>
りんご*・・・・・・・・・・・・・ 2 1/2個（約750g）
バター・・・・・・・・・・・・・・・・ 30g
砂糖・・・・・・・・・・・・・・・・・ 50g
シナモンパウダー・・・・・・・・ 小さじ1/2
ブランデー・・・・・・・・・・・・ 大さじ1
<飾り用>
りんご*・・・・・・・・・・・・・ 1 1/2個（約450g）
グラニュ糖・・・・・・・・・・・・ 20g

*紅玉、ふじ、ジョナゴールドなど。

直径18cmのタルト型1個分で作るとき

<タルト生地>
バター・・・・・・・・・・・・・・・・ 50g
砂糖・・・・・・・・・・・・・・・・・ 30g
卵（ほぐす）・・・・・・・・・・・・・ 30g
A [薄力粉・・・・・・・・・・・・ 80g
　　全粒粉・・・・・・・・・・・・ 20g]
厚手のポリ袋（長さ25cm以上）・ 1枚
<フィリング>
りんご・・・・・・・・・・・・・・ 1 1/2個（約450g）
バター・・・・・・・・・・・・・・・・ 20g
砂糖・・・・・・・・・・・・・・・・・ 30g
シナモンパウダー・・・・・・・・ 小さじ1/4
ブランデー・・・・・・・・・・・・ 小さじ2
<飾り用>
りんご・・・・・・・・・・・・・・ 1個（約300g）
グラニュ糖・・・・・・・・・・・・ 大さじ1

*右と同様に作り、11の焼き時間を5分ほど減らします。

準備

・生地用のバター80gは切って、大きめのボールに入れ、室温でやわらかくします。卵は室温にもどします。
・Aは合わせて2回ふるいます。生地用の砂糖40gも1回ふるいます。

1

りんご2 1/2個は、皮と芯をとり、4等分のくし形に切ります。さらに約7mm厚さに切ります。

2

フライパンにバター30gを溶かし、1のりんご、砂糖50gを加えます。時々混ぜながら、汁気が少し残るくらいまで煮ます。シナモン、ブランデーを加え、さまします。ざるにあけ、煮汁もとりおきます。

3 
タルト生地を作ります。バター80g を泡立器でクリーム状にします。砂糖40gを2回に分けて加え、白っぽくなるまですり混ぜます。

4 
卵を2回に分けて加え、そのつどよく混ぜて、なめらかな生地にします。

5 
ゴムべらにかえ、Aを加えて、切るように混ぜます（少し粉気があってもだいじょうぶ）。ポリ袋に入れ、あとでのばしやすいよう、めん棒で1cm程度の厚さにざっとのばします。冷蔵庫で約1時間、休ませます。
＊タルト生地は、この段階で約3週間冷凍保存できます（ラップをし、冷凍用ポリ袋に入れます）。

6 
※オーブンを180℃に予熱します。
ポリ袋の上から生地をめん棒でのばし、型よりひとまわり大きくのばします。袋を切り開き、生地をめん棒にそっと巻きとり、型にのせます。
＊途中でべとつくようなら、そのつど10分ほど冷蔵庫に入れながら作業を行います。

7 
指で縁の内側をたどって押さえ、はみ出した分は、めん棒を転がして落とします。指を再度型の内側のくぼみにあて、しっかり押さえます。フォークで底面に空気穴をあけます。

8 
重しを置きます。約180℃（ガスオーブン170℃）のオーブンで約15分焼きます。重しをはずし、型に入れたままあら熱をとります。
＊重しはステンレスの調理皿などをじかに置くほか、パラフィン紙を敷いて、専用の重しをのせても。

9 
飾り用のりんご1½個は皮と芯をとり、4等分のくし形に切ります。中心部用の約20枚を縦にごく薄く切り（皮むき器を使うとらく）、残りは2〜3mm厚さに切ります。8 に、2のりんごを詰め、平らにします。
※オーブンを180℃に予熱します。

10 
2〜3mm厚さに切ったりんごを4〜5枚ずつ重ね、やや扇状に開き、9 の上に放射状になるように敷き詰めます。中心部は、ごく薄く切ったりんごを花びらのように並べます。

11 
グラニュ糖をふります。約180℃（ガスオーブン170℃）のオーブンで25〜30分焼きます。熱いうちに、2 でとりおいた煮汁をはけで塗ります。

チーズタルト

湯せんでしっとり焼きあげるのがコツ。
とろけるような味わいです

［食べごろ：当日〜
　保存期間：冷蔵庫で翌々日、冷凍で3週間］

材料　直径18cmのタルト型1個分

＜タルト生地＞
タルト生地の作り方はp.63も参照してください

バター	70g
砂糖	35g
卵（ほぐす）	1/2個
A ［薄力粉	100g
アーモンドプードル	30g
厚手のポリ袋（長さ25cm以上）	1枚

＜フィリング＞

クリームチーズ*	120g
砂糖	35g
卵（ほぐす）	1/2個
生クリーム	100ml
薄力粉（ふるう）	10g

準備

・バターは切って、大きめのボールに入れ、室温でやわらかくします。卵は室温にもどします。
・Aは合わせて2回ふるいます。砂糖も1回ふるいます。

1　タルト生地を作ります。バターを泡立器でクリーム状にします。砂糖を2回に分けて加え、白っぽくなるまですり混ぜます。

2　卵を2回に分けて加え、そのつどよく混ぜて、なめらかな生地にします。ゴムべらにかえ、Aを加えて、切るように混ぜます。ポリ袋に入れ、あとでのばしやすいよう、めん棒で1cm程度の厚さにざっとのばします。冷蔵庫で約1時間、休ませます。

3　※オーブンを180℃に予熱します。
ポリ袋の上から生地をめん棒でのばし、型よりひとまわり大きくのばします。袋を切り開き、生地をめん棒にそっと巻きとり、型にのせます。指で縁の内側をたどって押さえ、はみ出た分は、めん棒を転がして落とします。指を型の内側のくぼみにあて、しっかり押さえます。

4　フォークで底面に空気穴をあけ、重しを置きます。約180℃（ガスオーブン170℃）のオーブンで20〜25分、しっかりと焼きます。重しをはずし、完全にさまします。

5　※オーブンを160℃に予熱します。
クリームチーズを切って、中くらいのボールに入れ、室温でやわらかくします。チーズを泡立器（ハンドミキサーは不適）でクリーム状にします。砂糖を2回に分けて加え、すり混ぜます。卵を2回に分けて加え、混ぜます。生クリーム、粉の順に加えて混ぜます。4に流します。
*5の工程は空気が入らないよう、泡立器を静かに動かし、ていねいに混ぜると、表面にひびが入らず、きれいに焼きあがります。

6　約160℃（ガスオーブン150℃）のオーブンで湯せんにかけながら*、20〜25分蒸し焼きにします。ゆすっても中心部が波打たなくなったら焼きあがり。さめたら冷蔵庫に入れ、中までしっかり冷やしてから食べます。
*湯せん焼き…湯が入らないように、型を耐熱容器やバットに入れ、さらにオーブン皿にのせます。オーブンに入れたらすぐ、オーブン皿に湯をはります。底が抜けない型なら、オーブン皿に直接置き、まわりに湯をはっても。途中、湯が少なくなったらたします。

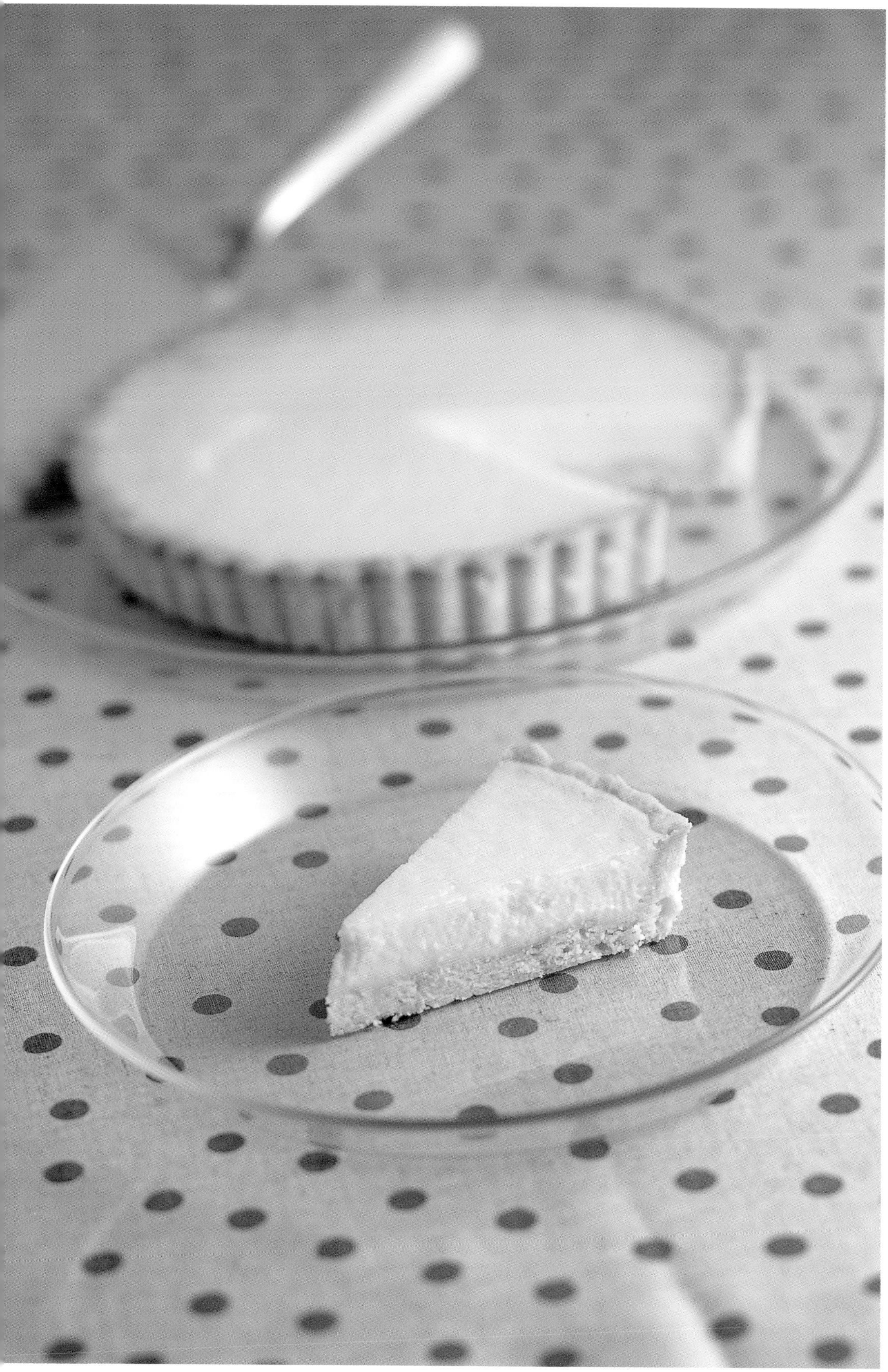

ナッツとクラムのタルト

タルト生地の一部をクラムに流用します。
しっとりフィリングとクラムが好対照

［食べごろ：当日〜
　保存期間：常温で5日、冷凍で1か月］

材料　直径12cmのタルト型2個分*

＜タルト生地＞
タルト生地の作り方はp.63も参照してください

バター	60g
砂糖	30g
卵（ほぐす）	1/2個
A　薄力粉	100g
アーモンドプードル	30g
厚手のポリ袋（長さ25cm以上）	2枚

＜フィリング＞

バター	40g
砂糖	40g
卵（ほぐす）	1/2個
アーモンドプードル	40g
くるみ	20g
ピーカンナッツ	20g

＊直径18cmのタルト型1個分として作ることもできます。右と同様に作り、7の焼き時間を5〜10分増やします。

準備

・タルト生地用のバターは切って、大きめのボールに入れ、室温でやわらかくします。卵は室温にもどします。
・Aは合わせて2回ふるいます。砂糖も1回ふるいます。
・くるみ、ピーカンナッツは、約170℃（ガスオーブン160℃）のオーブンで5分ほどから焼きします。

1　タルト生地を作ります。バター60gを泡立て器でクリーム状にします。砂糖30gを2回に分けて加え、白っぽくなるまですり混ぜます。

2　卵を2回に分けて加え、そのつどよく混ぜて、なめらかな生地にします。ゴムべらにかえ、Aを加えて、切るように混ぜます。そぼろ状になったら、1/3量（約80g）をクラム用にとり分け（写真）、冷蔵庫に入れておきます。残りの生地はさらに押さえるように混ぜ、全体がひとかたまりになってきたら、2つに分け、それぞれポリ袋に入れます。冷蔵庫で約1時間、休ませます。

3　※オーブンを180℃に予熱します。
袋の上から生地をめん棒でのばし、型よりひとまわり大きくのばします。袋を切って、型にのせます。指で縁をたどって押さえ、はみ出た分は、めん棒を転がして落とします。指を型の内側のくぼみにあて、しっかり押さえます。

4　フォークで底面に空気穴をあけ、重しを置きます。約180℃（ガスオーブン170℃）のオーブンで約15分焼きます。重しをはずし、完全にさまします。

5　フィリング用のバター40gを切って、中くらいのボールに入れ、室温でやわらかくします。砂糖40gを2回に分けて加え、白っぽくなるまですり混ぜます。
※オーブンを180℃に予熱します。

6　卵を2回に分けて加え、そのつどよく混ぜて、なめらかな生地にします。ゴムべらにかえ、アーモンドプードル40gを加えて、粉気がなくなるまで混ぜます。

7　4に6を詰め、表面を平らにします。半量のナッツを散らし、冷やしておいたクラムを散らします。残りのナッツをバランスよく並べます。約180℃（ガスオーブン170℃）のオーブンで約30分焼きます。

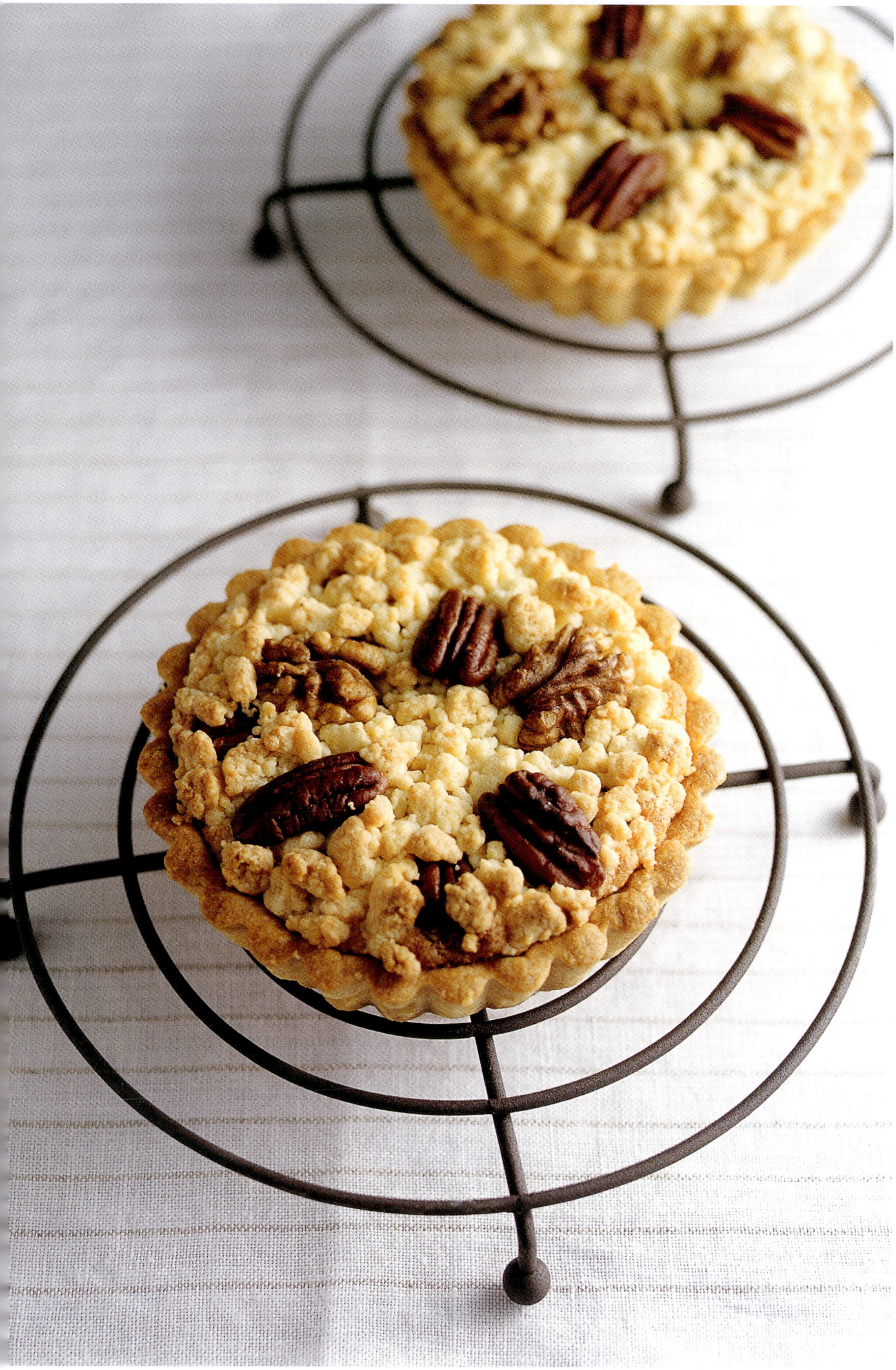

甘栗のマフィン

とびきりフワフワのマフィンです。
甘栗をたくさん入れると、よりおいしい

[食べごろ：当日〜
  保存期間：常温で翌日（冷凍は栗がかたくなるので向きません）]

材料　直径5〜6cmのマフィン（プリン）型9〜10個分

バター		130g
砂糖		140g
卵		2個
A	薄力粉	200g
	ベーキングパウダー	小さじ1½
B	牛乳	50ml
	プレーンヨーグルト	大さじ2
甘栗（皮をむいたもの）		90〜150g
紙ケース		9〜10枚

準備

・バターは切って、大きめのボールに入れ、室温でやわらかくします。卵は室温にもどします。
・甘栗は2つに切ります。
・Aは合わせて2回ふるいます。砂糖も1回ふるいます。
・Bは合わせて、室温にもどします。
・型に紙ケースを敷くか、バター（材料外）を塗ります。

1　バターを泡立器でクリーム状にします。砂糖を3回に分けて加え、白っぽくなるまですり混ぜます。
※オーブンを170℃に予熱します。

2　卵をほぐして、4〜5回に分けて加え、そのつどよく混ぜて、なめらかな生地にします（下記参照）。

3　ゴムべらにかえ、Aの半量→Bの半量→Aの半量→Bの半量の順に加え、そのつど切ってはすくい上げるように混ぜます。約⅔量の甘栗を加え、さらに混ぜます。

4　生地をスプーンですくい、マフィン型の八分目まで入れます。中央をくぼませます（p.70参照）。

5　約170℃（ガスオーブン160℃）のオーブンで15分焼きます。表面がやや固まったら、一度とり出します。残りの甘栗を2〜3個ずつ散らします（手早く行い、すぐにオーブンにもどします）。さらに15分ほど焼きます。

フワフワのマフィンにするコツ

卵を混ぜるとき、充分に空気を含ませるのがコツです。卵を加え、生地がなめらかな状態になってから、さらに1分ほど（ハンドミキサーの場合）しっかり攪拌したところで、次の卵を加えるようにします。それをくり返します。

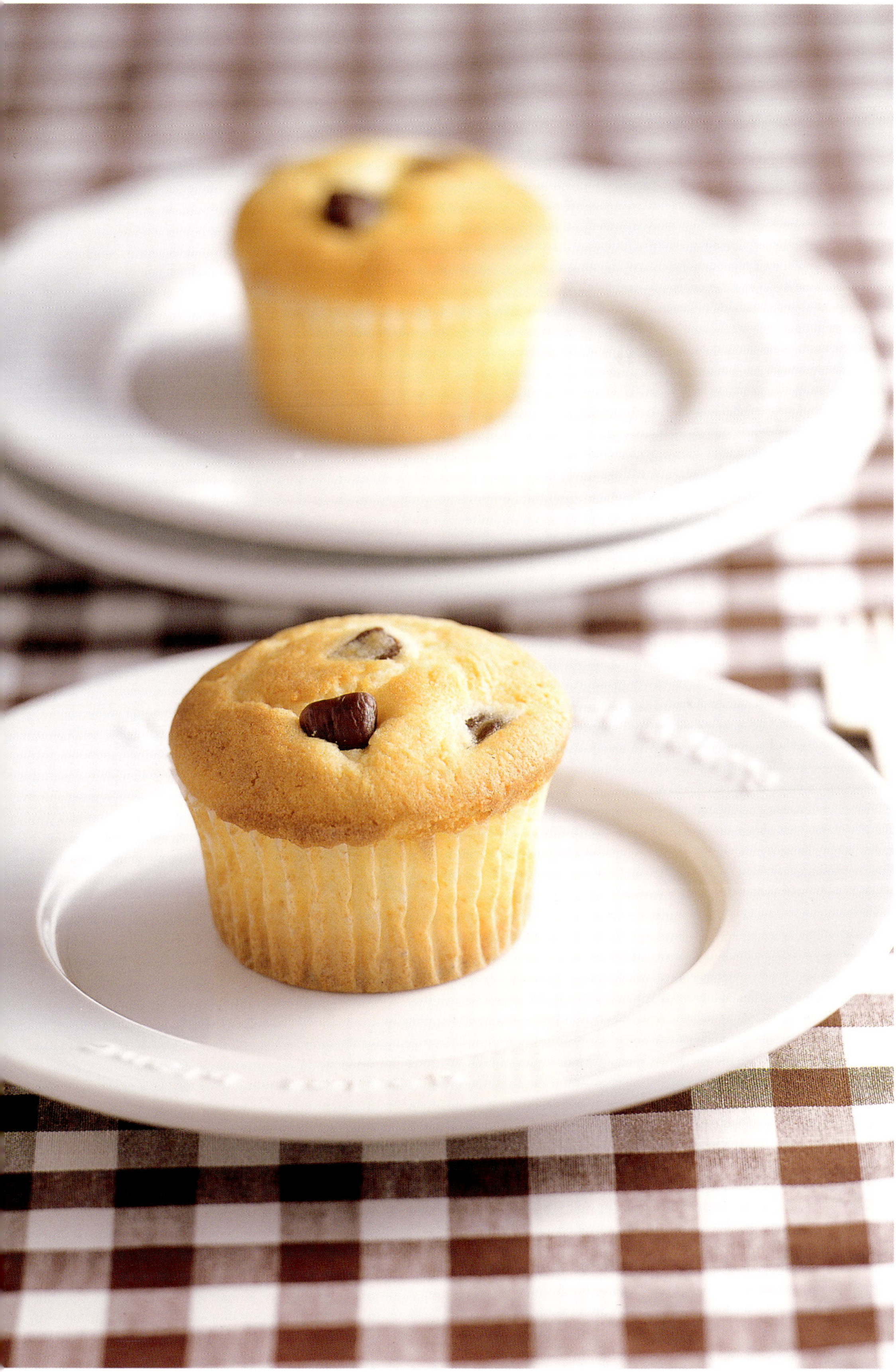

ダブルベリーのマフィン

全粒粉入りの素朴な生地と
ベリーの甘ずっぱさがよく合います

〔食べごろ：当日〜
　保存期間：常温で5日、冷凍で2週間〕

材料　直径5〜6cmの紙製のマフィン型9〜10個分

バター		130g
砂糖		140g
卵		2個
A	薄力粉	100g
	全粒粉	100g
	ベーキングパウダー	小さじ1½
B	牛乳	50ml
	プレーンヨーグルト	大さじ2
C	ドライクランベリー*	80g
	ドライブルーベリー*	30g
	キルシュ**	大さじ2
紙製のマフィン型		9〜10個

*ドライクランベリー、ブルーベリーのほか、ドライラズベリーなど、好みのドライフルーツを組み合わせて使えます（下写真は、左からドライブルーベリー、ドライクランベリー、ドライラズベリー）。
**さくらんぼから作られるリキュールの一種。ホワイトキュラソーでも。

準備

・バターは切って、大きめのボールに入れ、室温でやわらかくします。卵は室温にもどします。
・ドライクランベリー、ブルーベリーはぬるま湯で洗って水気をふき、キルシュをふりかけます。
・Aは合わせて2回ふるいます。砂糖も1回ふるいます。
・Bは合わせて、室温にもどします。

1　バターを泡立器でクリーム状にします。砂糖を3回に分けて加え、白っぽくなるまですり混ぜます。
※オーブンを170℃に予熱します。

2　卵をほぐして、4〜5回に分けて加え、そのつどよく混ぜて、なめらかな生地にします（p.68参照）。

3　ゴムべらにかえ、Aの半量→Bの半量→Aの半量→Bの半量の順に加え、そのつど切ってはすくい上げるように混ぜます。約¾量のCを加え、さらに混ぜます。

4　生地をスプーンですくい、マフィン型の八分目まで入れます。中央をくぼせます（下記参照）。

5　約170℃（ガスオーブン160℃）のオーブンで15分焼きます。表面がやや固まったら、一度とり出します。残りのCを等分に散らします（手早く行い、すぐにオーブンにもどします）。さらに15分ほど焼きます。

マフィンを上手にふくらませるには？

生地を型に入れたあと、中央を少しくぼませておくと、きれいにふくらみます（左下写真）。

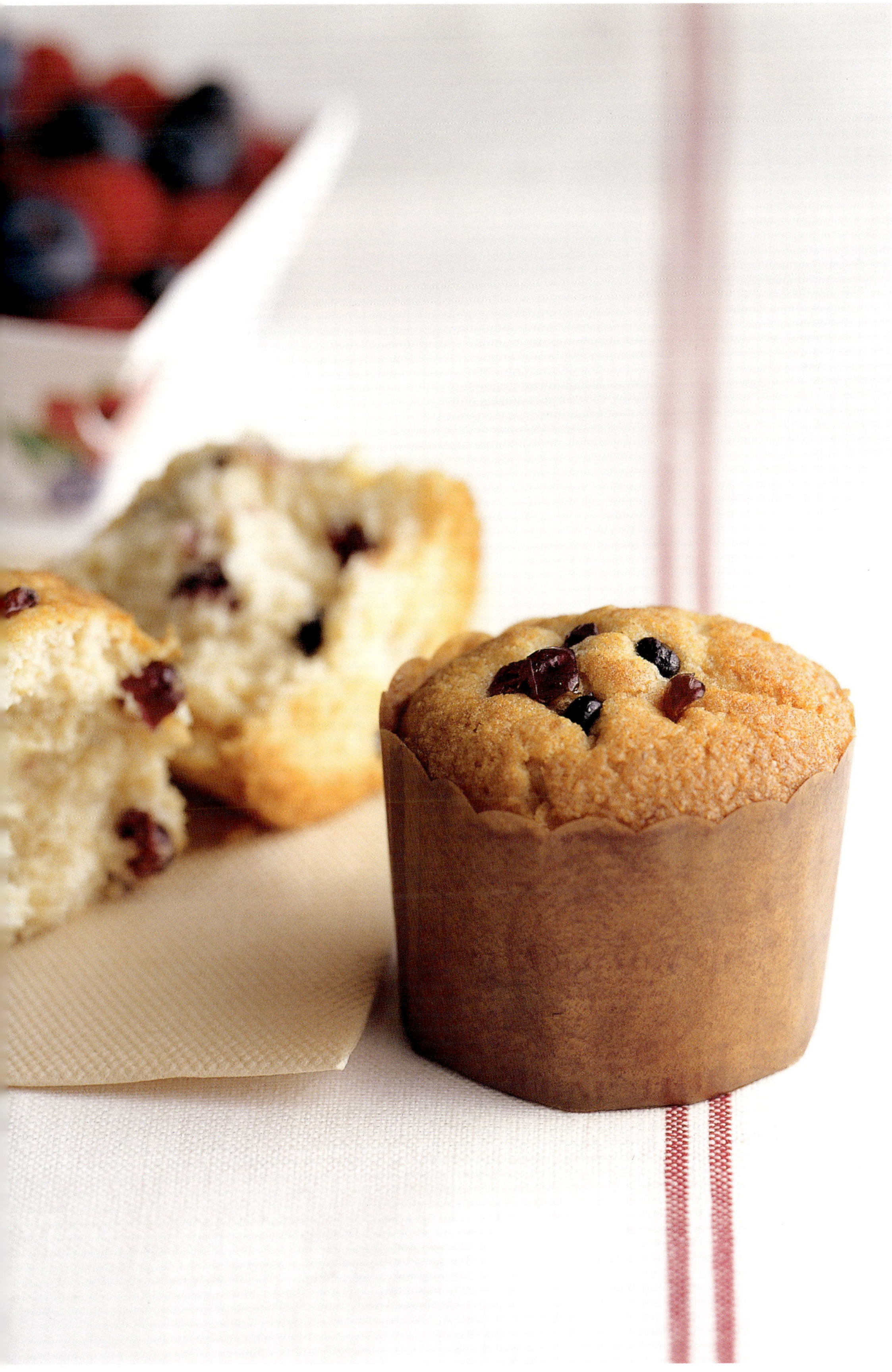

オニオンチーズマフィン

たまにはこんな塩味マフィンも新鮮。
こしょうをたっぷりきかせて

［食べごろ：当日〜
　保存期間：常温で翌々日（夏場は翌日）、冷凍で2週間］

材料　直径5〜6cmの紙製のマフィン型8〜9個分

バター	100g
砂糖	50g
塩	小さじ½
黒こしょう（あらびき）	少々
卵	2個
A　薄力粉	200g
ベーキングパウダー	小さじ1
牛乳	120ml
たまねぎ	½個（100g）
サラダ油	小さじ½
ピザ用チーズ	50g
紙製のマフィン型	8〜9個

準備

・バターは切って、大きめのボールに入れ、室温でやわらかくします。卵と牛乳は室温にもどします。
・Aは合わせて2回ふるいます。砂糖も1回ふるいます。

1　たまねぎはあらみじんに切ります。耐熱容器に入れ、サラダ油をまぶし、ラップをしないで、電子レンジで3分（500W）加熱します。さまします。

2　バターを泡立器でクリーム状にします。砂糖を3回に分けて加え、白っぽくなるまですり混ぜます。塩、こしょうを加えて、混ぜます。
※オーブンを170℃に予熱します。

3　卵をほぐし、4〜5回に分けて加え、そのつどよく混ぜて、なめらかな生地にします（p.68参照）。

4　ゴムべらにかえ、Aの半量→牛乳の半量→Aの半量→牛乳の半量の順に加え、そのつど切ってはすくい上げるように混ぜます。たまねぎを加え、さらに混ぜます。

5　生地をスプーンですくい、マフィン型の八分目まで入れます。中央をくぼませ（p.70参照）、チーズを散らします。約170℃（ガスオーブン160℃）のオーブンで約30分焼きます。

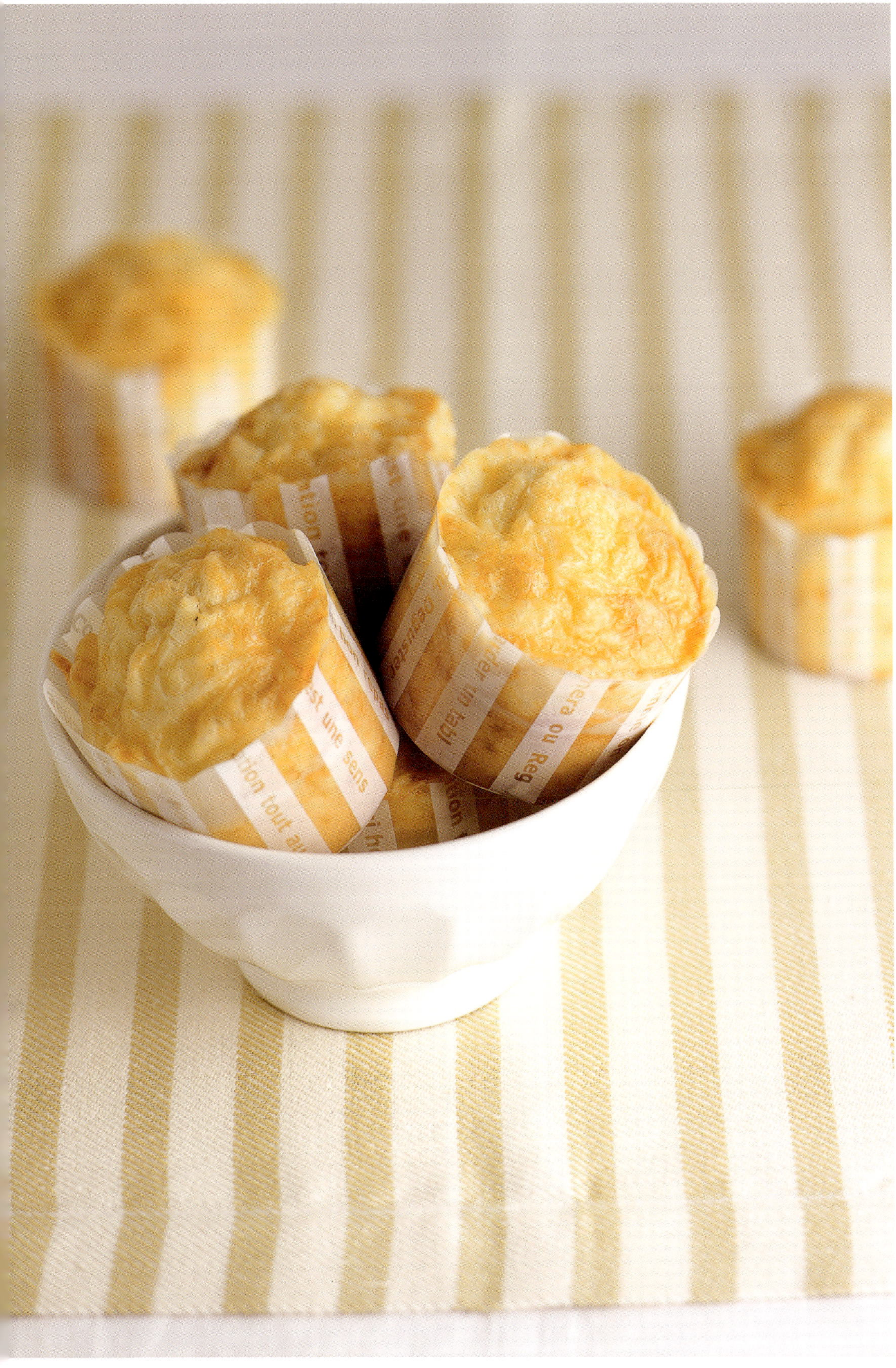

ココナッツとチョコレートのマフィン

トッピングのココナッツで
食感も風味もぐんとよくなります

〔食べごろ：当日〜
〔保存期間：常温で5日、冷凍で2週間

材料　　直径5〜6cmのマフィン（プリン）型8〜9個分

バター	120g
砂糖	120g
卵	2個
A　薄力粉	200g
ココア	大さじ2
ベーキングパウダー	小さじ1½
牛乳	100ml
チョコレート	70g
<トッピング>	
ココナッツ（ロング）	30g
グラニュ糖	10g
シナモンパウダー	少々
紙ケース	8〜9枚

準備

・卵と牛乳は室温にもどします。
・Aは合わせて2回ふるいます。砂糖も1回ふるいます。
・チョコレートはあらくきざみます。
・トッピングの材料を合わせます。
・型に紙ケースを敷くか、バター（材料外）を塗ります。

1　大きめのボールにバターを入れ、湯せんにかけて溶かします。湯せんからはずし、砂糖を加えます。泡立器（ハンドミキサーは不適）で、砂糖のザラザラした感じがなくなるまで、すり混ぜます。
※オーブンを170℃に予熱します。

2　卵をほぐし、2回に分けて加え、なめらかな生地になるまでよく混ぜます。

3　Aの半量→牛乳の半量→Aの半量→牛乳の半量の順に加え、粉気がなくなるまで混ぜます。チョコレートを加え、さらに混ぜます。

4　生地をスプーンですくい、マフィン型の八分目まで入れます（やわらかい生地なので、中央をくぼませる必要はありません）。トッピングを散らし、約170℃（ガスオーブン160℃）のオーブンで約30分焼きます。

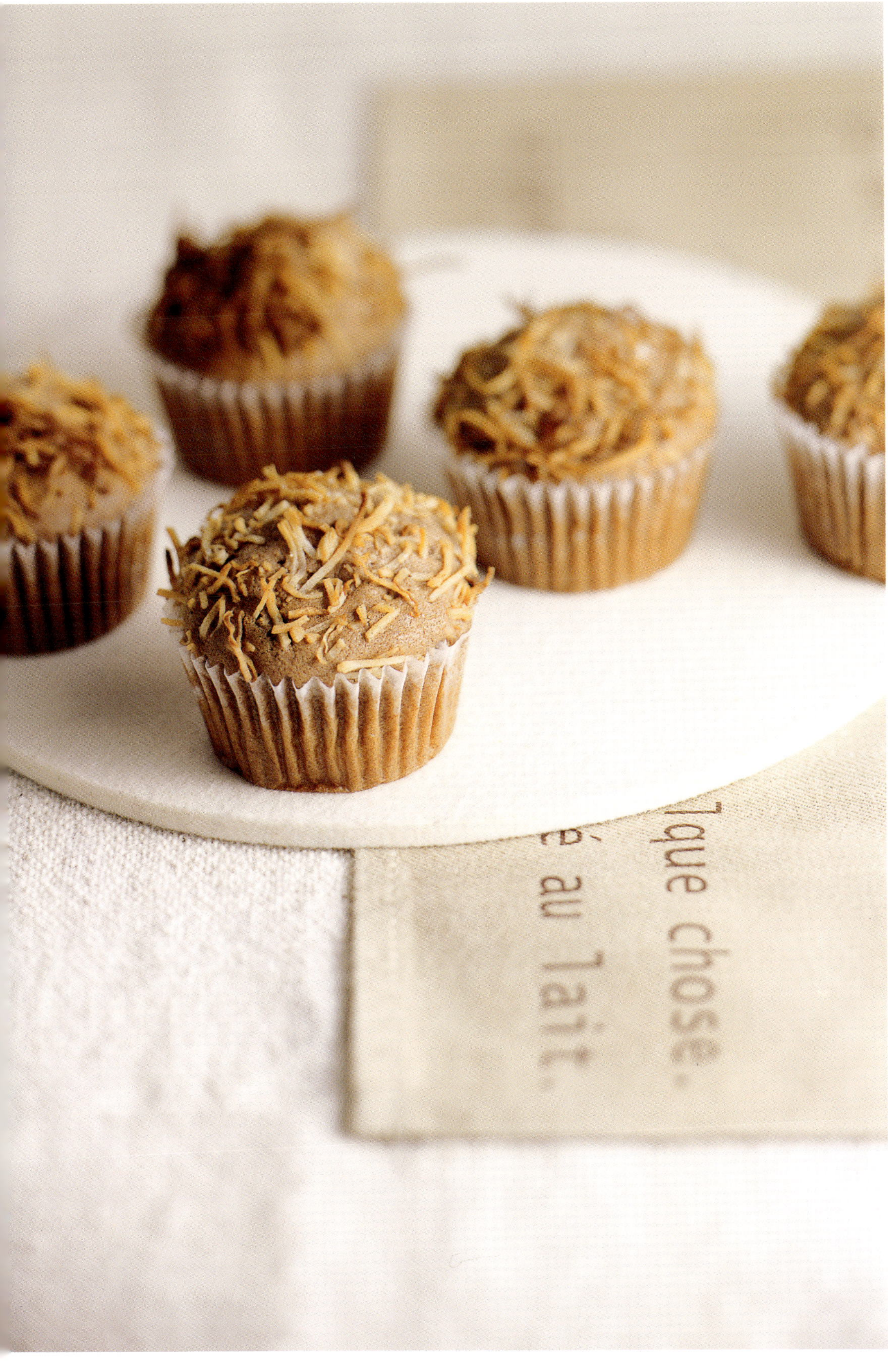
que chose.
é au lait.

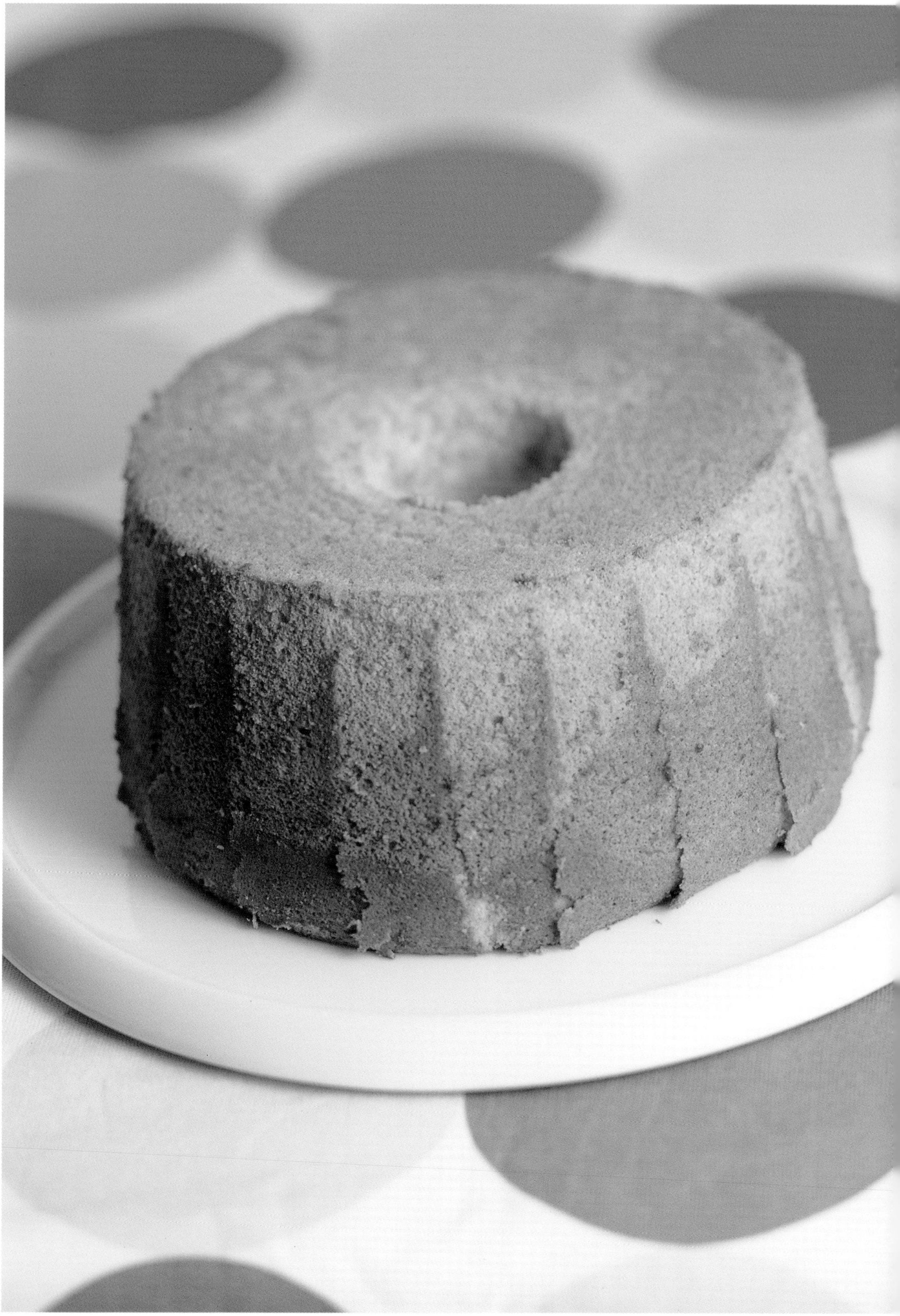

はちみつレモンの
シフォンケーキ

はちみつレモンの
シフォンケーキ

シフォン（絹）の名のとおり
とろけるような舌ざわりを目指しましょう

［ 食べごろ：当日〜
　保存期間：常温で翌々日（夏場は翌日）、冷凍で2週間 ］

材料　直径18cmのシフォン型1個分

［ 卵白 －－－－－－－－－ 3個分
　レモン汁 －－－－－－－ 小さじ½
　砂糖 －－－－－－－－－ 50g ］
［ 卵黄 －－－－－－－－－ 3個分
　はちみつ －－－－－－－ 40g ］
サラダ油 －－－－－－－－ 40ml
レモンの皮 －－－－－－－ ½個分
レモン汁½個分＋水 －－－ 50ml
A ［ 薄力粉 －－－－－－－ 70g
　　ベーキングパウダー －－ 小さじ⅔ ］

準備

・Aは合わせて2回ふるいます。
・砂糖も1回ふるいます。

1

レモンはよく洗い、皮の表面だけをすりおろします（白い部分は、にがくなるのでおろしません）。汁をしぼり、小さじ½をとりおきます。残りの汁は水とたして50mlにします。

2

メレンゲを作ります。大きめのボールに卵白を入れ、レモン汁小さじ½を加えて、泡立てます。

3

白っぽく、もったりしてきたら、砂糖を2〜3回に分けて加えます。角が立って、きめ細かくなるまで、しっかり泡立てます。
※オーブンを170℃に予熱します。

4

大きめのボールに卵黄をほぐし、はちみつを加えてよく混ぜます（3 のあと、泡立器は洗わなくてもだいじょうぶです）。

5

サラダ油を少しずつ加えて混ぜます。レモンの皮、水と合わせて50mlにしたレモン汁を加えて、さらに混ぜます。

6

5 に A を加え、泡立器（ハンドミキサーは不適）で、粉気がなくなるまで混ぜます。

7

メレンゲの半量を加え、泡立器で生地を底から「持ち上げて→落とす」を数回くり返します。残りのメレンゲも同様に混ぜます。均一に混ざったら、ゴムべらにかえ、底から2〜3回すくい上げるように混ぜます＊。
＊底のほうに混ざりきっていない生地が残りやすいので、それを均一にするために、最後はゴムべらで混ぜます。

8

型（バターなどは塗らない）に生地を一気に流します。型を10cm高さから一度落とし、余分な空気を抜きます。

9

約170℃（ガスオーブン160℃）のオーブンで30〜35分焼きます。
＊上面がこげやすいので、途中でようすを見て、アルミホイルをかぶせます。ただし、20分を過ぎるまでは、扉を開けないようにします。

10

焼きあがったら、型を10〜20cm高さから一度落とします。そのあとすぐ型を逆さにして、そのままさまします。
＊逆さにすることで、生地が型にぶら下がる状態になり、へこまずに高さが出ます。台を当てて高くすると、早くさめます。

11

さめたら型をはずします。周囲にパレットナイフなどを差し入れて一周し、中心部は竹串で一周します。筒を持って抜き、底面もナイフではずして逆さにします。

くるみのシフォンケーキ

「シフォンは軽くて、ものたりない」
という人も大満足のコクがあります

［食べごろ：当日〜
　保存期間：常温で翌々日（夏場は翌日）、冷凍で2週間］

材料　直径14cmのシフォン型1個分*

［卵白	2個分
塩	少々
ブラウンシュガー**	30g ］
［卵黄	2個分
ブラウンシュガー**	20g ］
サラダ油	30ml
牛乳	30ml
アマレット（あれば）***	小さじ1
［薄力粉	45g
A　ベーキングパウダー	小さじ1/3
シナモンパウダー	小さじ1/3 ］
くるみ	50g

＊材料を1.5倍にして、直径18cmのシフォン型で作ることもできます。焼き時間を5分ほど増やします。
＊＊三温糖でも。
＊＊＊あんずの種から作るリキュール。ブランデー、ラム酒でも。

準備

6

準備

・Aは合わせて2回ふるいます。ブラウンシュガーも1回ふるいます。
・くるみは約170℃（ガスオーブン160℃）のオーブンで10分ほどから焼きし、あらみじんに切ります。

1　メレンゲを作ります。中くらいのボールに卵白を入れ、塩を加えて、泡立てます。ブラウンシュガー30gを2〜3回に分けて加え、角が立って、きめ細かくなるまで、しっかり泡立てます。
※オーブンを170℃に予熱します。

2　大きめのボールに卵黄をほぐし、ブラウンシュガー20gを加えてよく混ぜます（1のあと、泡立器は洗わなくてもだいじょうぶです）。

3　サラダ油を少しずつ加えて混ぜます。牛乳、アマレットを加え、さらに混ぜます。

4　3にAを加え、泡立器（ハンドミキサーは不適）で、粉気がなくなるまで混ぜます。

5　メレンゲの半量を加え、泡立器で生地を底から「持ち上げて→落とす」を数回くり返します。残りのメレンゲも同様に混ぜます。均一に混ざったら、ゴムべらにかえ、底から2〜3回すくい上げるように混ぜます。

6　5にくるみを加えて混ぜます。型（バターなどは塗らない）に生地を一気に流します。型を10cm高さから一度落とします。約170℃（ガスオーブン160℃）のオーブンで28〜30分焼きます。焼きあがったら、型を10〜20cm高さから一度落とします。そのあとすぐ型を逆さにして、そのままさまします。

7　さめたら型をはずします（p.79、作り方11参照）。

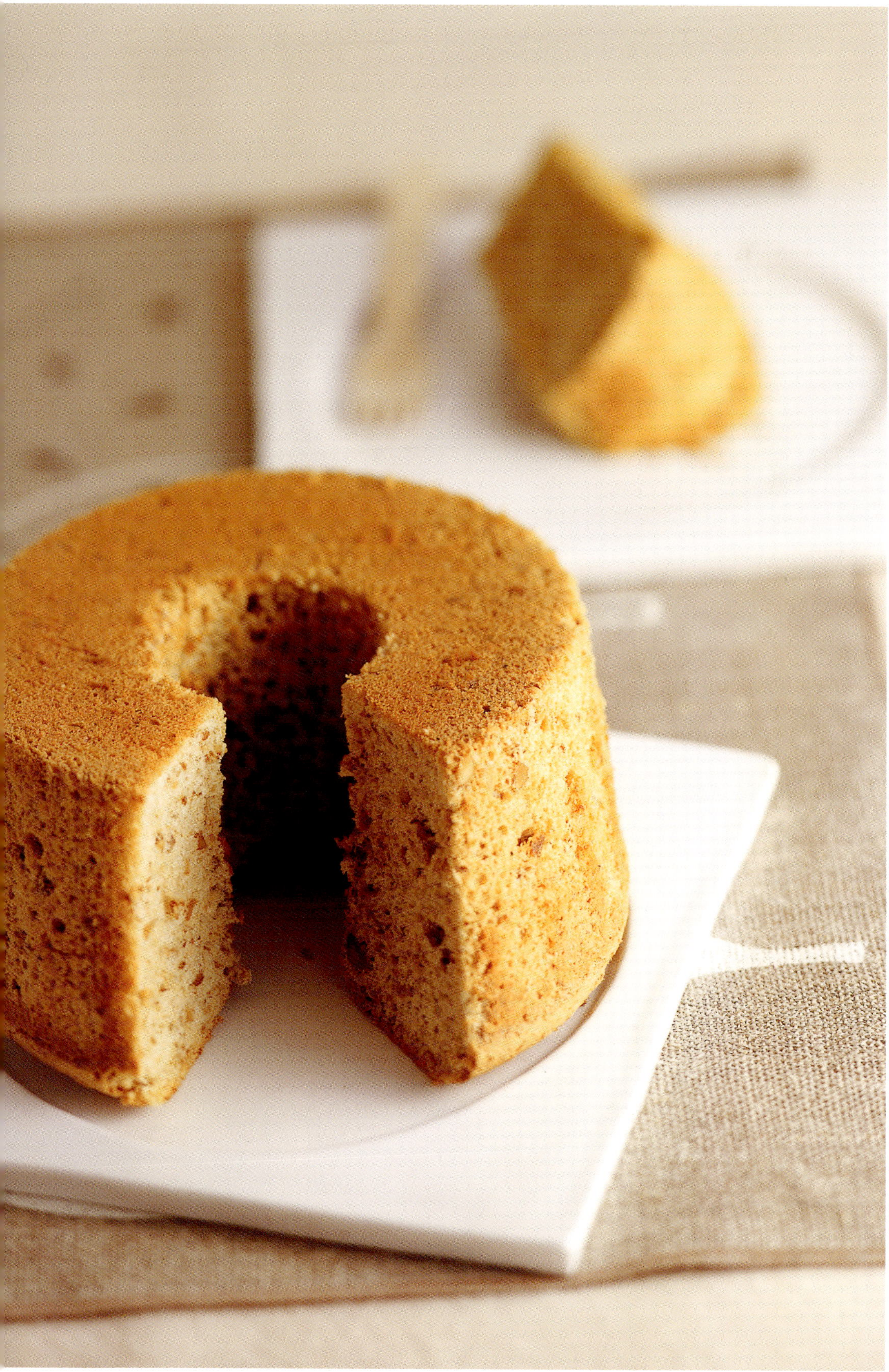

にんじんのシフォンケーキ

にんじんのオレンジ色があざやか。
キュラソーの風味がポイントです

[食べごろ：当日〜
[保存期間：常温で翌々日（夏場は翌日）、冷凍で2週間

材料　直径18cmのシフォン型1個分

にんじん		50g
[卵白		3個分
[塩		少々
[砂糖		40g
[卵黄		3個分
[砂糖		30g
サラダ油		40ml
A [にんじんジュース*		50ml
[オレンジキュラソー**		大さじ1
B [薄力粉		70g
[ベーキングパウダー		小さじ2/3

＊無糖のものでも、くだものなどの甘さが加わったものでも、どちらでも作れます。水でも代用できますが、ケーキの色が少し薄くなります。
＊＊オレンジから作られたリキュール。コアントロー、グランマルニエでも代用できます。

1

準備

・Bは合わせて2回ふるいます。砂糖も1回ふるいます。

1　にんじんは、みじん切りにします。ラップをしないで、電子レンジで2〜3分（500W）加熱します。

2　メレンゲを作ります。大きめのボールに卵白を入れ、塩を加えて、泡立てます。砂糖40gを2〜3回に分けて加え、角が立って、きめ細かくなるまで、しっかり泡立てます。

※オーブンを170℃に予熱します。

3　大きめのボールに卵黄をほぐし、砂糖30gを加えてよく混ぜます（2のあと、泡立器は洗わなくてもだいじょうぶです）。

4　3にサラダ油を少しずつ加えて混ぜます。A、1のにんじんを加え、さらに混ぜます。

5　Bを加え、泡立器（ハンドミキサーは不適）で、粉気がなくなるまで混ぜます。

6　メレンゲの半量を加え、泡立器で生地を底から「持ち上げて→落とす」を数回くり返します。残りのメレンゲも同様に混ぜます。均一に混ざったら、ゴムべらにかえ、底から2〜3回すくい上げるように混ぜます。型（バターなどは塗らない）に生地を一気に流します。型を10cm高さから一度落とします。

7　約170℃（ガスオーブン160℃）のオーブンで約35分焼きます。焼きあがったら、型を10〜20cm高さから一度落とします。そのあとすぐ型を逆さにして、そのままさまします。

8　さめたら型をはずします（p.79、作り方11参照）。

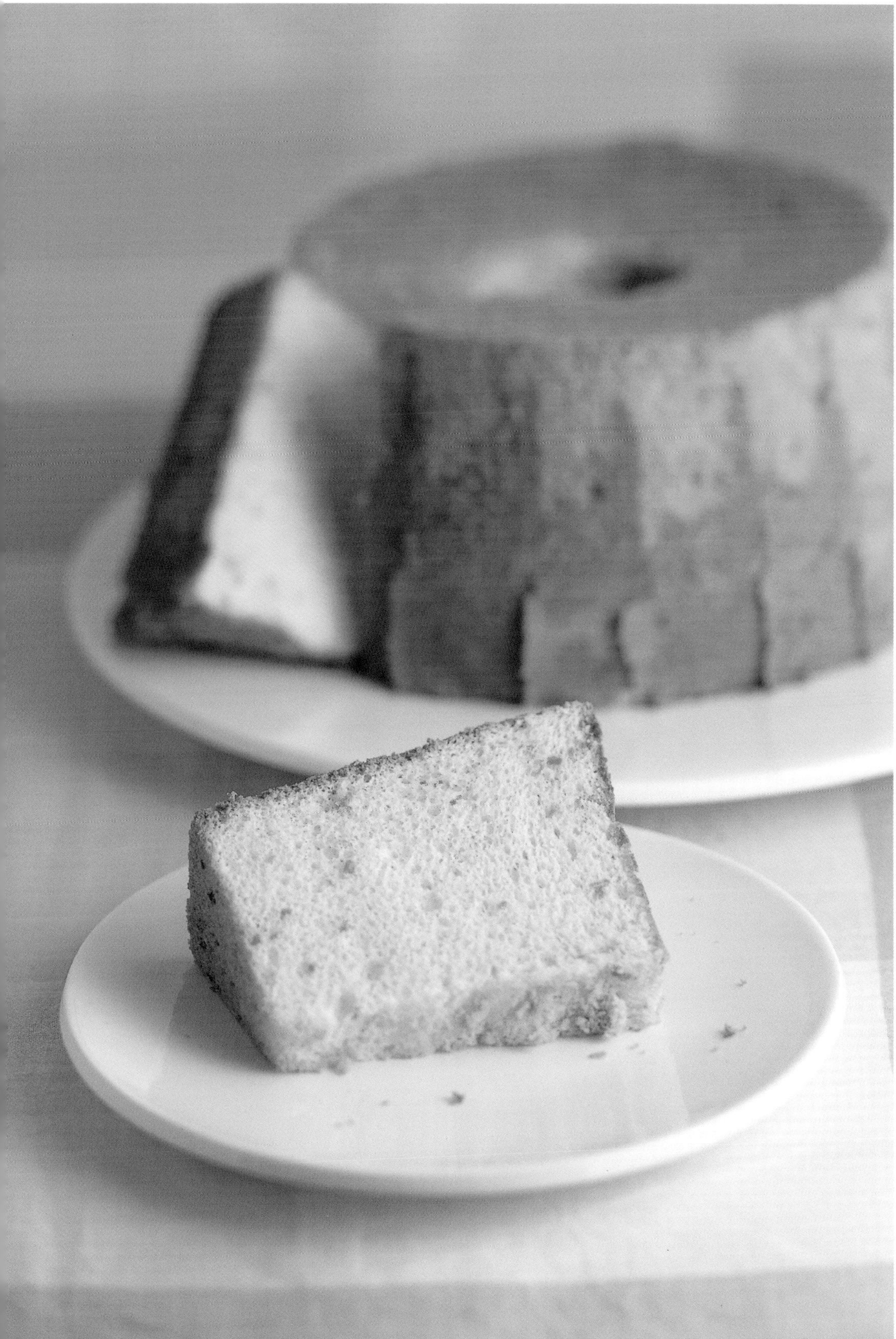

コーヒーチョコケーキ

相性のいい組み合わせ。
たっぷり入れたコーヒーが味の決め手

〔 食べごろ：翌日〜
 保存期間：常温で4日、冷凍で2週間 〕

材料　直径21cmのサボワ型（容量約1400ml）1個分

バター（食塩不使用）		100g
グラニュ糖		100g
卵		3個
A	薄力粉	90g
	ココア	10g
	ベーキングパウダー	小さじ2/3
B	インスタントコーヒー	大さじ2
	カルーア*	大さじ1
チョコレート		50g
粉糖		適量

*コーヒー風味のリキュール。なければ湯で代用します。

準備

・Aは合わせて2回ふるいます。
・Bは合わせて溶かします。
・バターは鍋にわかした熱湯で湯せんにかけて溶かし、弱火にして、そのまま熱くしておきます。
・型にバター（食塩不使用・材料外）をまんべんなく塗り、薄力粉（材料外）をふって余分な粉を落とし、冷蔵庫に入れておきます。
・チョコレートはあらくきざみます。

1　大きめのボールに卵を割りほぐします。グラニュ糖を加え、泡立器でもったりするまで泡立てます（やや白っぽくなればOK。「の」の字が描けるほど泡立てる必要はありません）。

※オーブンを170℃に予熱します。

2　A、チョコレートを加え、粉気がなくなるまで泡立器（ハンドミキサーは不適）で混ぜます。Bを加えて、混ぜます。

3　溶かしバターを2〜3回に分けて加え、なめらかな生地になるまで混ぜます。

4　型に入れ、約170℃（ガスオーブン160℃）のオーブンで約40分焼きます。完全にさまし、食べる直前に粉糖をふります。

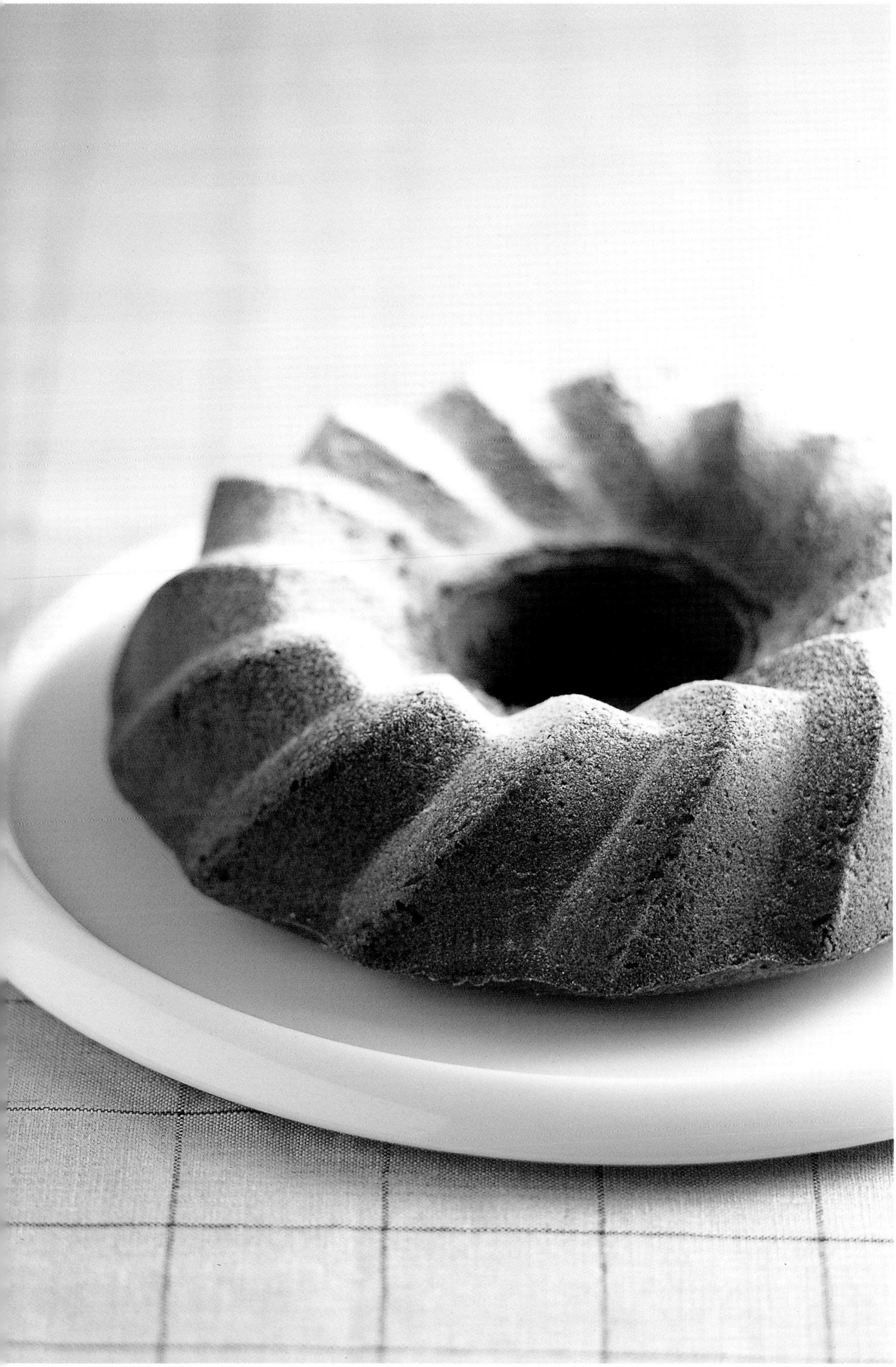

ダブルチョコレートブラウニー

生地にもトッピングにもチョコがたっぷり。
チョコ好きな人にはたまりません

〔 食べごろ：当日〜
保存期間：常温で4日、冷凍で2週間 〕

材料　18.5cmの角型1個分

チョコレート*	70g
バター	40g
卵	1個
砂糖	30g
牛乳	大さじ2
A 薄力粉	50g
ベーキングパウダー	小さじ1/3
くるみ	20g
アーモンド（ホール）	20g
<トッピング>	
チョコレート*	30g
くるみ	10g
アーモンド（ホール）	10g

＊製菓用でない、ふつうのチョコレートでも作れます。

準備

・卵と牛乳は室温にもどします。
・Aは合わせて2回ふるいます。砂糖も1回ふるいます。
・型に型紙を敷きます（→p.5）。

1　くるみとアーモンドはトッピング用もまとめて、約170℃（ガスオーブン160℃）のオーブンで10分ほどから焼きします。トッピング用は半分に切り、残りはあらくきざみます。トッピング用のチョコレート30gは1〜2cm角に切ります。
※オーブンを170℃に予熱します。

2　生地用のチョコレート70gはあらくきざみます。大きめのボールに、バターと一緒に入れ、湯せん（約60℃の湯）にかけて溶かします。
※オーブンを170℃に予熱します。

3　湯せんをはずします。卵をほぐして加え、泡立て器（ハンドミキサーは不適）でなめらかになるまで混ぜます。砂糖、牛乳の順に加え、さらに混ぜます。

4　Aを加え、粉気がなくなるまで混ぜます。あらくきざんだくるみとアーモンドを加えて混ぜます。

5　型に流し、トッピング用のくるみとアーモンド、チョコレートを散らします。約170℃（ガスオーブン160℃）のオーブンで約17分焼きます。

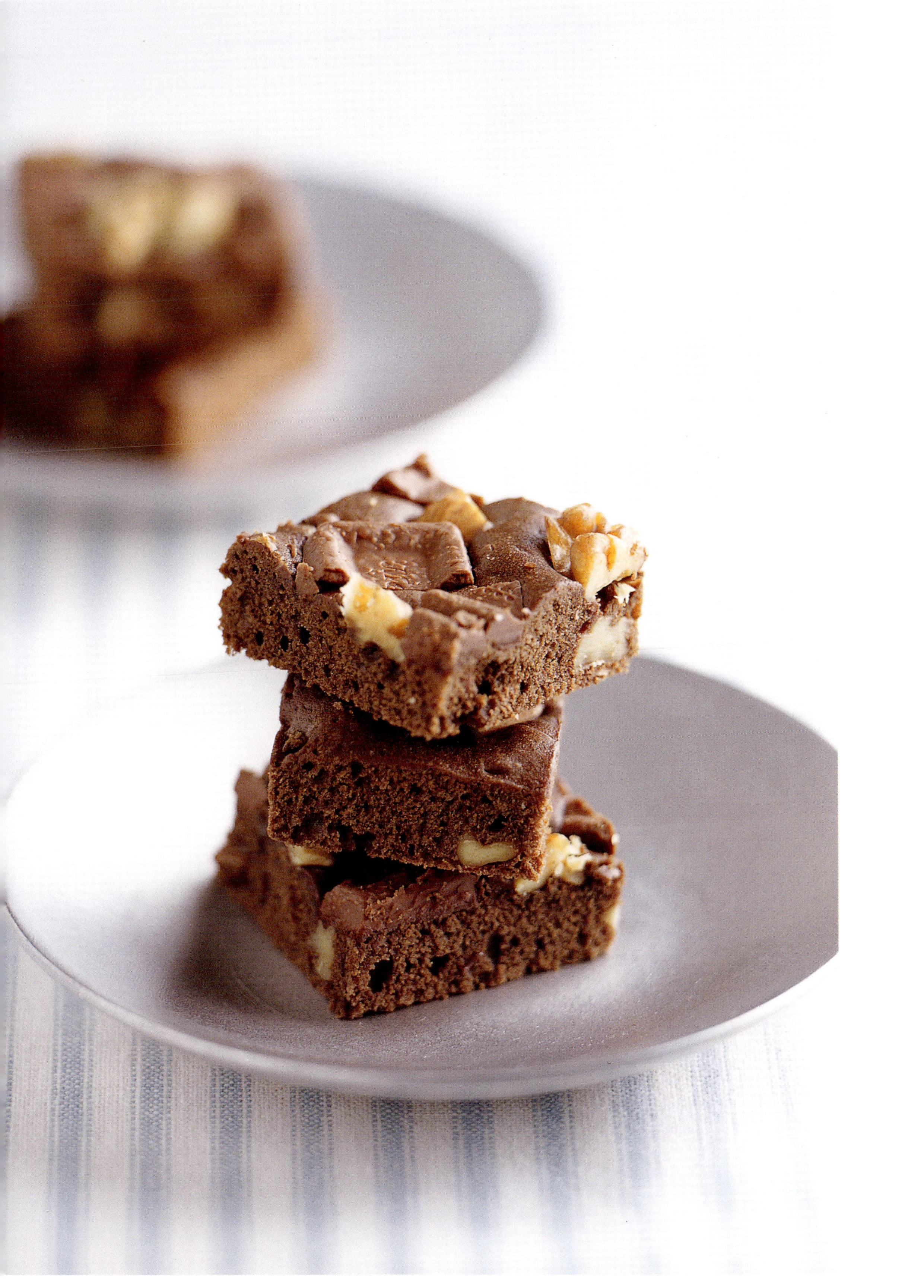

ウイスキーケーキ

じっくり、じっくり、ねかせて
お酒をなじませてから食べましょう

[食べごろ：翌々日〜
  保存期間：常温で1週間、冷凍で1か月]

材料　直径18cmの丸型1個分

チョコレート*	70g
バター（食塩不使用）	60g
卵白	3個分
グラニュ糖	50g
卵黄	3個分
グラニュ糖	60g
生クリーム	50ml
A　薄力粉	25g
ココア	60g
ウイスキー**	80ml

*製菓用でない、ふつうのチョコレートでも作れます。
**ブランデー、ラム酒でも。

準備

・Aは合わせて2回ふるいます。
・型に型紙を敷きます（→p.5）。

1　チョコレートはあらくきざみます。小さめのボールに、バターと一緒に入れ、湯せん（約60℃の湯）にかけて溶かし、そのまま温かくしておきます。

2　※オーブンを170℃に予熱します。
メレンゲを作ります。大きめのボールに卵白を入れ、泡立器で泡立てます。グラニュ糖50gを2〜3回に分けて加え、角が立って、きめ細かくなるまで、しっかり泡立てます。

3　大きめのボールに卵黄とグラニュ糖60gを入れ、白っぽく、もったりするまで混ぜます（2のあと、泡立器は洗わなくてもだいじょうぶです）。

4　3に、1と生クリームを加え、泡立器（ハンドミキサーは不適）で混ぜます。Aを加え、粉気がなくなるまで混ぜます。

5　メレンゲの1/3量を加え、ムラなく混ぜます。ゴムべらにかえて、残りのメレンゲを加え、切っては底からすくい上げるように混ぜます。

*チョコやバター、ココアの油脂でメレンゲの泡が消えやすいので、5の作業は手早くし、すぐオーブンに入れます。

6　生地を型に入れ、約170℃（ガスオーブン160℃）のオーブンで、40〜45分焼きます。

7　焼きあがったら、熱いうちに型と型紙をはずし、ウイスキーをはけで全面に塗ります。中まで完全にさめたら、ラップでくるみ、室温でねかせます。

*翌日から食べられますが、翌々日〜1週間くらいねかせたころが、いちばんおいしい。お酒の味がかなり強いので、にが手な人はウイスキーを半量に減らしてもよいでしょう。

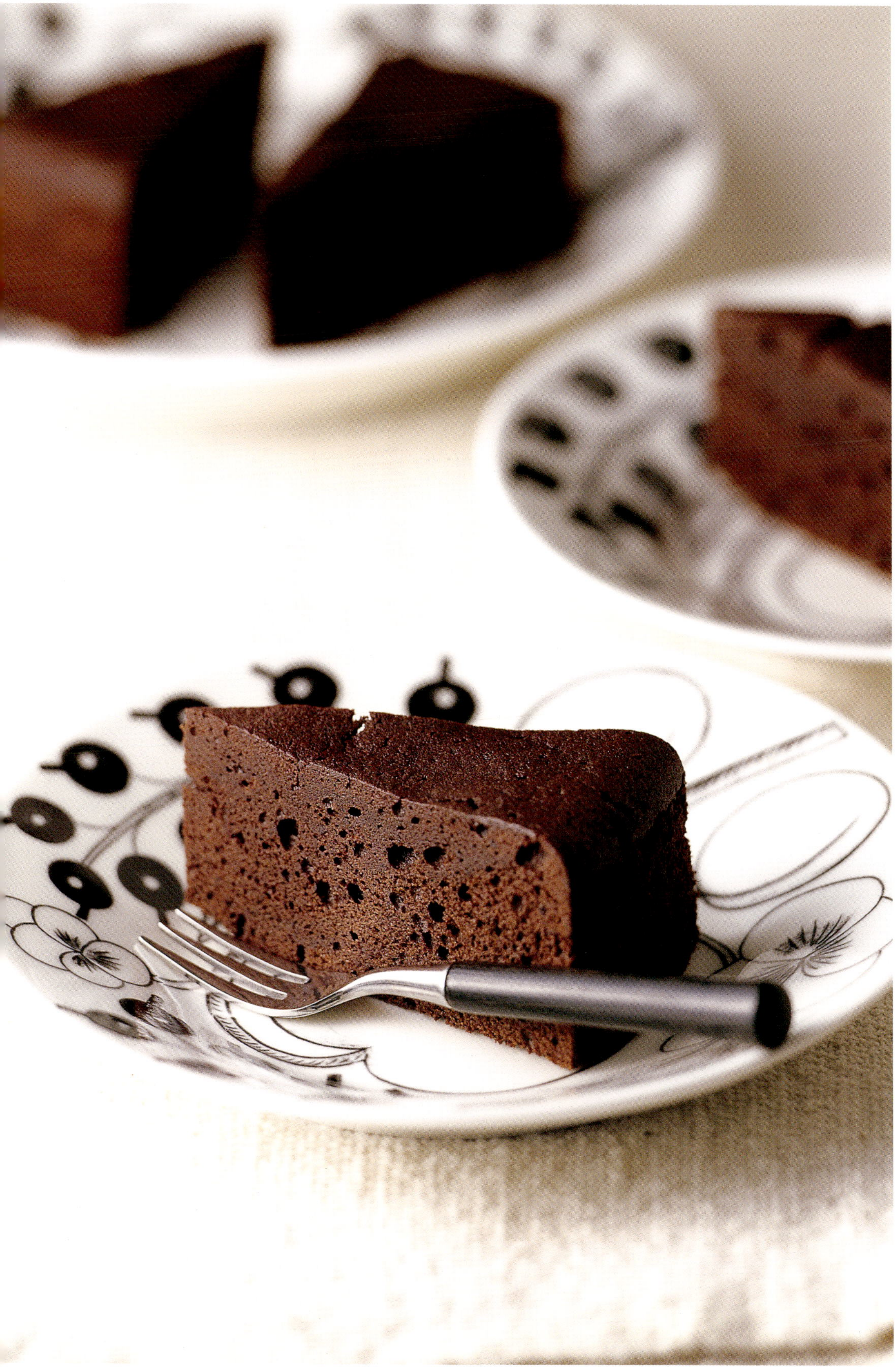

NYチーズケーキ

しっとり、濃厚なチーズケーキ。
ビスケットのチョコが、台のつなぎになります

［食べごろ：当日〜
保存期間：冷蔵庫で翌々日、冷凍で3週間］

材料　18.5cmの角型1台分

クリームチーズ	250g
サワークリーム	90g
砂糖	80g
卵	1個
レモン汁	大さじ½
薄力粉	大さじ1
チョコレートビスケット*	約10枚（120g）
厚手のポリ袋	1枚

＊チョコレートで片面がコーティングされたビスケット、または、チョコチップ入りのクッキーでも作れます（下写真）。チョコの入っていないプレーンのビスケットなら、細かくしたあと、（電子レンジにかけずに）溶かしバター50gを混ぜて、型に敷き詰めます。

準備

・クリームチーズは切って、大きめのボールに入れ、室温でやわらかくします。サワークリームと卵も室温でやわらかくします。
・砂糖、薄力粉はそれぞれ1回ふるいます。
・型に型紙を敷きます（→p.5）。

1　ビスケットをポリ袋に入れ、めん棒でたたいて、パン粉くらいの細かさにします。耐熱容器に入れ、ふたをしないで、電子レンジで約1分30秒（500W）加熱して、チョコレートを溶かします。

2　1を型に入れ、スプーンの背を使って、平らに敷き詰めます。冷蔵庫で冷やし固めます。

3　※オーブンを170℃に予熱します。
クリームチーズを、ゴムべらでざっと練ります。泡立器（ハンドミキサーは不適）にかえ、クリーム状にします。サワークリームを加え、さらに混ぜます。砂糖を2回に分けて加え、すり混ぜます。

4　卵をほぐし、3回に分けて加えて混ぜます。レモン汁、薄力粉の順に加えて、そのつど混ぜます。
＊3〜4の工程は、空気が入らないよう、泡立器を静かに動かし、ていねいに混ぜます。表面にひびが入らず、きれいに焼きあがります。

5　2の型に流し、表面を平らにします。約170℃（ガスオーブン160℃）のオーブンで40〜45分焼きます。さめたら、型からはずして冷蔵庫に入れます。中までしっかり冷やしてから、好みの大きさに切って食べます。

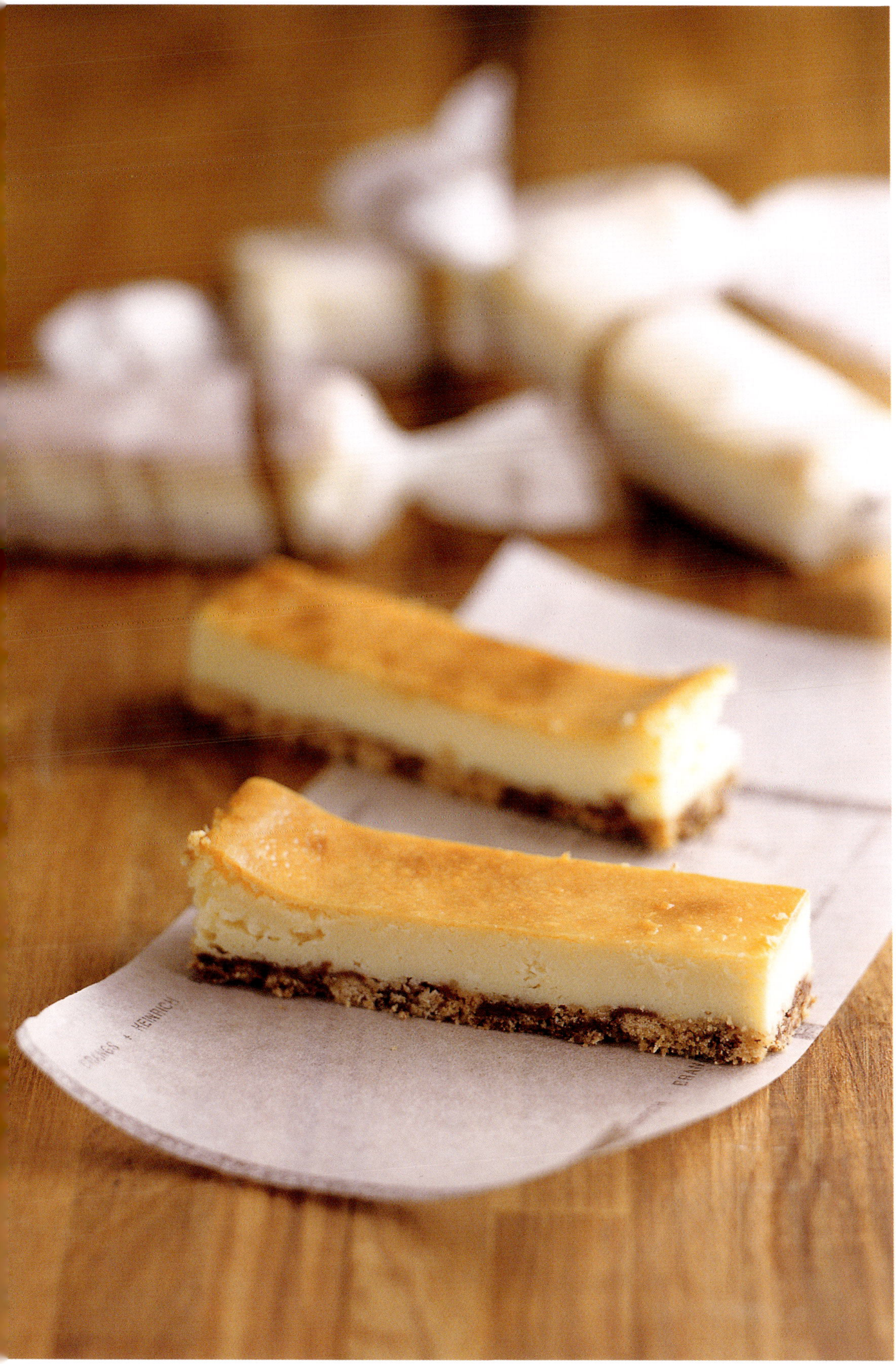

お菓子のラッピング

上手にお菓子が焼けたら、プレゼントにしましょう。
日もちのする焼き菓子は、贈りものにもピッタリ。
身近な材料を使って、気軽にラッピングします。

1 空き箱を使って

デザインがかわいいきれいな箱をとっておき、再利用しましょう。油じみが気になるときは、ラップやワックスペーパーなどを敷いてから入れます。

2 ランチボックスを使って

本来はお弁当を詰めるものですが、お菓子を入れても絵になります。すぐに食べないときは、いったん袋に入れて密閉してから入れましょう。

3 セロファンでくるんで

セロファンなら、油も通さず、中身も見えてかわいい。シート状のものを切って使うほか、袋状になっているものなら、よりかんたんに包めます。

4 空きびんに入れて

空きびんは密閉できるので、クッキーなど、湿気を嫌うもののラッピングに最適。きれいに洗って乾かしてから使います。

5
棒状に切って包む

お菓子を細長く切って、ワックスペーパーなど、油を通さないもので、キャンディーのように端をねじって包みます。手も汚さず、食べやすい。

6
紙袋を使って

内側が防水加工されているものがおすすめ。なければ、セロファンやポリ袋に入れてから、袋の中に詰めます。

7
パソコンでオリジナルラベルを作る

ちょっとパソコンが使える人なら、オリジナルのラベルを作って、はってみては。食べごろなども併記すると喜ばれます。

8
持ち運ぶときは

持ち寄りパーティなど、わざわざラッピングまではしないときは、大きめの密閉容器を利用。くりかえし使えます。逆さまにして、ふたの側を底にすれば、型くずれもなし。

パウンド型で作るには

これらのお菓子はすべて、18×8×6cm（容量750ml）のパウンド型でも作ることができます。
以下はその場合の分量と、焼き時間の一覧です。

08 オレンジケーキ
- バター ---------- 80g
- 砂糖 ---------- 100g
- 卵 ---------- 2個
- オレンジピール（みじん切り）
 ---------- 50g
- オレンジキュラソー --- 大さじ2
- A ┌ 薄力粉 ---------- 110g
　　└ ベーキングパウダー - 小さじ1/4
- ＜飾り用オレンジ＆つや出し用シロップ＞
- オレンジ ---------- 1/2個
- B ┌ 砂糖 ---------- 10g
　　└ オレンジのしぼり汁 - 大さじ1
- オレンジキュラソー --- 大さじ1/2
- 焼き時間：170℃で約45分

16 クラムケーキ
- バター（食塩不使用）--- 100g
- グラニュー糖 ---------- 120g
- 卵 ---------- 2個
- バニラオイル ---------- 3滴
- A ┌ 薄力粉 ---------- 50g
　　│ コーンスターチ --- 50g
　　│ アーモンドプードル - 20g
　　└ ベーキングパウダー - 小さじ1/2
- ＜クラム＞
- 薄力粉 ---------- 30g
- アーモンドプードル ---------- 20g
- バター（食塩不使用）---------- 25g
- グラニュー糖 ---------- 20g
- 塩 ---------- 少々
- 焼き時間：170℃で約45分

20 カラメルバナナケーキ
- バター ---------- 80g
- 砂糖 ---------- 70g
- 卵 ---------- 2個
- A ┌ 薄力粉 ---------- 70g
　　└ ベーキングパウダー - 小さじ1/4
- ラム酒 ---------- 大さじ1
- バナナ ---------- 1/2〜1本
- ＜カラメルソース＞
- 砂糖 ---------- 40g
- 水小さじ1＋湯小さじ1
- 焼き時間：170℃で約45分

22 洋なしとコーヒーのケーキ
- バター ---------- 120g
- 砂糖 ---------- 100g
- 卵 ---------- 2個
- A ┌ インスタントコーヒー 大さじ2
　　└ カルーア ---------- 大さじ1
- B ┌ 薄力粉 ---------- 120g
　　└ ベーキングパウダー - 小さじ1/3
- インスタントコーヒー --- 大さじ1 1/2
- 洋なし（缶詰）---------- 3切れ
- 焼き時間：170℃で約45分

26 パイナップルのケーキ
- バター ---------- 100g
- 砂糖 ---------- 80g
- 卵 ---------- 2個
- A ┌ 薄力粉 ---------- 140g
　　└ ベーキングパウダー - 小さじ1/2
- ┌ パイナップル（缶詰）- 4切れ（140g）
　└ パイナップルの缶汁 - 大さじ4
- ＜飾り用＞パイナップル（缶詰）1 1/2切れ（50g）
- 焼き時間：170℃で約45分

28 はちみつフィナンシェ
- A ┌ アーモンドプードル - 70g
　　└ 薄力粉 ---------- 30g
- グラニュー糖 ---------- 50g
- 卵白 ---------- 2個分（約70g）
- はちみつ ---------- 40g
- バター（食塩不使用）--- 80g
- 焼き時間：180℃で約40分

34 抹茶とあずきのケーキ
- 卵 ---------- 2個
- 砂糖 ---------- 40g
- A ┌ ゆであずき（缶詰）- 大1/2缶（200g）
　　└ はちみつ ---------- 10g
- B ┌ 薄力粉 ---------- 70g
　　│ 抹茶 ---------- 小さじ2
　　└ ベーキングパウダー - 小さじ1/3
- サラダ油 ---------- 25ml
- いりごま（白）---------- 大さじ1/2
- 焼き時間：160℃で約45分

36 スパイスケーキ
- 卵 ---------- 1個
- ブラウンシュガー ---------- 60g
- A ┌ 薄力粉 ---------- 60g
　　│ シナモンパウダー -- 小さじ1/4
　　│ オールスパイス --- 小さじ1/6
　　└ ベーキングパウダー - 小さじ1/8
- バター（食塩不使用）--- 60g
- ＜アイシング＞
- 粉糖 ---------- 30g
- レモン汁 ---------- 小さじ1
- 焼き時間：170℃で約30分

甘栗のマフィン
68
- バター ---------- 130g
- 砂糖 ---------- 140g
- 卵 ---------- 2個
- A
  - 薄力粉 ---------- 200g
  - ベーキングパウダー 小さじ1½
- B
  - 牛乳 ---------- 50ml
  - プレーンヨーグルト 大さじ2
- 甘栗（皮をむいたもの） 90〜150g
- 焼き時間：170℃で約50分

ダブルベリーのマフィン
70
- バター ---------- 130g
- 砂糖 ---------- 140g
- 卵 ---------- 2個
- A
  - 薄力粉 ---------- 100g
  - 全粒粉 ---------- 100g
  - ベーキングパウダー 小さじ1½
- B
  - 牛乳 ---------- 50ml
  - プレーンヨーグルト 大さじ2
- C
  - ドライクランベリー 80g
  - ドライブルーベリー 30g
  - キルシュ ---------- 大さじ2
- 焼き時間：170℃で約50分

オニオンチーズマフィン
72
- バター ---------- 100g
- 砂糖 ---------- 50g
- 塩 ---------- 小さじ½
- 黒こしょう（あらびき） 少々
- 卵 ---------- 2個
- A
  - 薄力粉 ---------- 200g
  - ベーキングパウダー 小さじ1
- 牛乳 ---------- 120ml
- たまねぎ ---------- ½個（100g）
  - サラダ油 ---------- 小さじ½
- ピザ用チーズ ---------- 50g
- 焼き時間：170℃で約50分

ココナッツとチョコレートのマフィン
74
- バター ---------- 120g
- 砂糖 ---------- 120g
- 卵 ---------- 2個
- A
  - 薄力粉 ---------- 200g
  - ココア ---------- 大さじ2
  - ベーキングパウダー 小さじ1½
- 牛乳 ---------- 100ml
- チョコレート ---------- 70g
- ＜トッピング＞
- ココナッツ（ロング） 30g
- グラニュ糖 ---------- 10g
- シナモンパウダー 少々
- 焼き時間：170℃で約50分

コーヒーチョコケーキ
84
- バター（食塩不使用） 50g
- グラニュ糖 ---------- 50g
- 卵 ---------- 1½個
- A
  - 薄力粉 ---------- 50g
  - ココア ---------- 大さじ1
  - ベーキングパウダー 小さじ⅓
- B
  - インスタントコーヒー 大さじ1
  - カルーア ---------- 大さじ½
- チョコレート ---------- 30g
- 粉糖 ---------- 適量
- 焼き時間：170℃で約40分

ダブルチョコレートブラウニー
86
- チョコレート ---------- 30g
- バター ---------- 20g
- 卵 ---------- ½個
- 砂糖 ---------- 15g
- 牛乳 ---------- 大さじ1
- A
  - 薄力粉 ---------- 25g
  - ベーキングパウダー 小さじ⅙
- くるみ ---------- 20g
- アーモンド（ホール） 20g
- ＜トッピング＞
- チョコレート ---------- 20g
- くるみかアーモンド（ホール） 10g
- 焼き時間：170℃で約15分

ウイスキーケーキ
88
- チョコレート ---------- 40g
- バター（食塩不使用） 30g
- 卵白 ---------- 2個分
- グラニュ糖 ---------- 30g
- 卵黄 ---------- 2個分
- グラニュ糖 ---------- 40g
- 生クリーム ---------- 30ml
- A
  - 薄力粉 ---------- 15g
  - ココア ---------- 40g
- ウイスキー ---------- 50ml
- 焼き時間：170℃で約35分

NYチーズケーキ
90
- クリームチーズ ---------- 120g
- サワークリーム ---------- 40g
- 砂糖 ---------- 40g
- 卵 ---------- ½個
- レモン汁 ---------- 小さじ1
- 薄力粉 ---------- 大さじ½
- チョコレートビスケット 約5枚（60g）
- 焼き時間：170℃で約35分

ベターホームのお料理ブック

＊税込価格（5％）

実用料理シリーズほか（A5判）

かあさんの味 四季の素材をいかした和風おそうざいとおせち172品。だしをきかせたうす味レシピ。 144㌻ 1050円

家庭料理 家庭でよく作られている、和洋中の人気おかず152品。この1冊で間に合います。 144㌻ 1050円

おもてなし料理 行事やおもてなしに向くオーソドックスなごちそう106品。献立手順もわかります。 144㌻ 1050円

お菓子の基本 家庭で作れる洋菓子を網羅。基本をプロセス写真で詳しく説明しています。 160㌻ 1575円

手づくりパン バターロール、食パン、メロンパン、クロワッサンなど46品。基本を写真で詳しく説明。 144㌻ 1575円

お料理一年生 道具や材料の扱い、保存など、お料理以前の基礎から、写真でわかりやすく説明。 192㌻ 1470円

お料理二年生 定番の家庭料理が絶対おいしく作れるコツをプロセス写真で詳しく説明。 192㌻ 1470円

スピード料理 手早く作れておいしい料理200品と、手早く作るコツ。忙しい方必携の本です。 160㌻ 1260円

きょうのお弁当 毎日作れるかんたんお弁当71メニュー、おかず245品。園児から社会人まで。 160㌻ 1260円

野菜料理 野菜名の50音でひける、おいしくヘルシーな料理308品。野菜がたっぷり食べられます。 192㌻ 1470円

電子レンジ料理 電子レンジで作れる、スピーディな料理158品。ポイントも写真で。 160㌻ 1260円

おとなの和食 四季の素材をおいしく味わう2人分の献立集。カロリー・塩分控えめ、手順はかんたん。 160㌻ 1470円

ダイエットのひと皿 健康的にやせられる低カロリーのおかず150品。見た目も、味も満足します。 144㌻ 1050円

ひとり分の料理 ひとり暮らし、単身赴任の方に、栄養満点かんたん100献立、おかず184品。 144㌻ 1050円

パーティ料理 ホームパーティ、おもてなしに。気のきいた和洋中の献立と料理135品。演出法も。 160㌻ 1260円

お魚料理 50音でひける魚介類98種の料理250品。扱い方のコツはよくわかるプロセス写真で。 192㌻ 1470円

きょうの献立 月ごとの献立100例、料理417品。毎日の悩みを解消し、献立の立て方も身につきます。 224㌻ 1575円

お肉料理 かんたん、ボリューム、経済的な料理187品を肉ごとに紹介。マンネリ脱出。 160㌻ 1260円

お米料理 おいしいごはんの炊き方と、丼、すし、ピラフ、パエリアなど和洋中200品。 160㌻ 1260円

食品成分表 日ごろ食べる分量の栄養成分を載せているので、今とった栄養がひと目でわかります。 320㌻ 1050円

なるほど、料理のことば 知れば料理がもっと楽しくなることば約600語の解説集。笑えるイラストつき。 224㌻ 1260円

かんたん美味 かんたんでうまいが1番！ おかず、酒の肴、デザート。日経新聞の連載レシピ。 160㌻ 1260円

かんたん美味2 待望の第2弾。シンプルだからこそ素材の味が生きる106品。忙しい人、料理初心者に。 160㌻ 1260円

彼女のこんだて帖 角田光代著。短編の名手が描く15の物語。28品の料理レシピつき。 B5版変型144㌻ 1470円

お買い求め方法

＊大手書店、ベターホームのお料理教室で直接お求めいただけます。全国の書店からもお取り寄せできます。当社からお届けする場合は、2冊以上は送料無料でお届けします（1冊は送料100円）。

＊ベターホームの各種カタログ『本や道具、食材のカタログ』『お料理教室のご案内』などを差し上げます。お気軽にご連絡ください。ホームページでもご案内しています。http://www.betterhome.jp

おかずの本　お菓子・パン・手づくりの本（B5判）

お気に入りおかず 超かんたんで経済的。ベターホームの先生たちが実際に作っている自慢のおかず集。 96㌻ 1260円

体にいいおかず 体調が悪い、風邪ぎみ、便秘ぎみ……ちょっと気になるときの料理194品。 96㌻ 1260円

作りおきのおかず さめてもおいしい、まとめづくり等、便利なおかず157品。安心して外出できます。 96㌻ 1260円

すぐできるおかず 主菜も副菜も20分以内、ひと鍋で作れるおかずばかり。共働きの主婦必携。 96㌻ 1260円

ムダなし　かんたんおかず 冷蔵庫の残り野菜や調味料、乾物など食材を100％活用した料理276品。 96㌻ 1260円

ベターホームの 和食の基本 和食の定番88品。詳しいプロセス写真と、コツは五七五の俳句調でよくわかる。 128㌻ 1470円

20分で2品おかず 主菜と副菜、2品のおかずも、このとおり作れば20分以内で同時に完成！ 96㌻ 1260円

春夏のかんたんおかず 20分以内に作れる手間のかからない料理集。旬の素材、季節の味が満載。 96㌻ 1260円

秋冬のかんたんおかず 旬の食材や季節の味を手軽に調理。目先の変わったおかずや、鍋料理もたくさん。 96㌻ 1260円

おいしい おもてなし 前菜、メイン、サブの料理、ごはんと軽食を単品紹介。献立例、ディップなどの小品も。 96㌻ 1260円

段どりよく作る 夕ごはん献立 毎日使える人気おかずの献立集。タイムスケジュールつきで手際よく。 96㌻ 1260円

フライパンおかず フライパン1つで作る、肉・魚・野菜でいけるボリュームおかず集。共働きの主婦に。 96㌻ 1260円

料理できれいになる 美肌・若さのためのレシピ100。しわ、しみ、肌あれ、老化が気になる人に。 96㌻ 1260円

免疫力を高める野菜おかず139 野菜で元気、病気予防。素材別にひけるかんたん料理139品を紹介。 96㌻ 1260円

イタリアンのお料理教室 プロのコツを根掘り葉掘り聞きました。「アルポンテ」原宏治シェフの特選レシピ。 96㌻ 1260円

Japanese Home Style Cooking すし、天ぷら、すき焼きなど代表的な日本料理を英語で紹介。 96㌻ 2415円

かんたんおやつ プリン、ドーナツ、ホットケーキ、大学いもなど、手軽に作れる家庭のおやつ大集合。 96㌻ 1260円

すぐできるお菓子 マドレーヌやクレープ、ハーブクッキー…手軽なお菓子68品。おやつにも大活躍。 96㌻ 1575円

焼くだけのお菓子 材料を混ぜてオーブンで焼くだけ。素朴でプレゼントにも喜ばれるお菓子43品。 96㌻ 1575円

焼くだけのお菓子Vol.2 好評に応えて第2弾。かんたん＆おいしいお菓子のレパートリーが広がります。 96㌻ 1575円

冷たいお菓子 カルーアプリン、レアチーズケーキ、杏仁豆腐など、デザートにも向くお菓子57品。 96㌻ 1575円

私が作る和菓子 草もち、水ようかん、おはぎ、月見だんご、おしるこなど四季折々の和菓子77品。 96㌻ 1575円

初めて打つ そば・うどん そばとうどんの打ち方を詳しいプロセス写真で説明。おいしいレシピ付き。 96㌻ 1260円

かんたん手づくり食品 果実酒、キムチ、梅干しなど減塩・減糖の64品。初心者向けのかんたんレシピ。 96㌻ 1260円

発行ベターホーム出版局　編集 財団法人ベターホーム協会©

〒150-8363　渋谷区渋谷1-15-12
TEL03(3407)4871　FAX03(3407)1044
発行日　初版2006年11月1日

焼くだけのお菓子 Vol.2

ISBN4-938508-80-X